LA TRATABA CON GRAN ASPEREZA

Estudio de la violencia contra las mujeres en Navarra
a través de los procesos judiciales
del Archivo Diocesano de Pamplona (siglos XVII–XVIII)

LA TRATABA CON GRAN ASPEREZA

Estudio de la violencia contra las mujeres en Navarra
a través de los procesos judiciales
del Archivo Diocesano de Pamplona (siglos XVII–XVIII)

Onintze Domínguez Rodríguez

Gobierno de Navarra **Nafarroako Gobernua**
Departamento de Kultura, Kirol eta Turismo
Cultura, Deporte y Turismo Departamentua

Serie / Saila
Historia, n.º 143. zk.

Título / Izenburua
La trataba con gran aspereza.
Estudio de la violencia contra las mujeres en Navarra a través de los procesos judiciales
del Archivo Diocesano de Pamplona (siglos XVII-XVIII)

Autora / Egilea
© Onintze Domínguez Rodríguez

Edita / Argitaratzailea
© Gobierno de Navarra / Nafarroako Gobernua
Departamento de Cultura, Deporte y Turismo / Kultura, Kirol eta Turismo Departamentua
Dirección General de Cultura-Institución Príncipe de Viana /
Vianako Printzea Erakundea-Kultura Zuzendaritza Nagusia

Diseño y maquetación / Diseinua eta maketazioa
NB Servicios Gráficos

Impresión / Inprimaketa
Idazluma Industrias Gráficas, S. A.

ISBN 978-84-235-3709-9
DL NA 982-2024

Promoción y distribución / Sustapena eta banaketa
Fondo de Publicaciones del Gobierno de Navarra / Nafarroako Gobernuaren Argitalpen Funtsa
Navas de Tolosa, 21
31002 Pamplona/Iruña
Tel.: 848 427 121
fondo.publicaciones@navarra.es
https://publicaciones.navarra.es

ÍNDICE

LA SITUACIÓN DE LAS MUJERES EN LA EDAD MODERNA

1

La Edad Moderna en Navarra es un periodo de especial interés. Su cronología se encuadra desde la incorporación al reino de Castilla en 1512 hasta la invasión de las tropas francesas en 1808. Los dos primeros siglos de esta etapa, el siglo XVI y el XVII, tienen el especial atractivo de cómo se produjo la adaptación de las instituciones propias del antiguo reino, el derecho, la economía y la sociedad navarra a la nueva situación política y, por ello, el gran número de estudios sobre estos siglos es muy superior a los existentes sobre el inmediatamente posterior. Las investigaciones demográficas y sociales adolecen de lo mismo, se centran en los siglos XVI y XVII postergando los análisis del siglo XVIII.

Las razones de esto pueden ser variadas, desde la facilidad y abundancia de acceso a la documentación de la época y la gran variedad de bibliografía y estudios previos, al puro interés que suscita el fin del Viejo Reyno de Navarra; mientras que el siglo XVIII queda aislado entre la modernidad y el mundo contemporáneo, a falta de profundizar.

La sociedad del siglo XVIII está, por tanto, menos estudiada que la de los siglos precedentes. Los aspectos más conocidos giran en torno a la Hora Navarra, denominación acuñada por Julio Caro Baroja y que se refiere a la importancia de un grupo de hombres de negocios, políticos y humanistas de origen navarro en la corte borbónica. Fuera de los estudios vinculados a esta temática, la materia presenta una gran falta de estudios sociales y demográficos. Sin embargo, en la presente investigación hemos elegido los siglos XVII y XVIII precisamente porque son aquellos en los que la Navarra anexada a Castilla está ya perfectamente organizada y avanza hacia la modernidad a pasos agigantados, y ello debe de notarse en el entorno social, económico y judicial en el que las mujeres de la época vivían.

Dentro de este marco genérico, los trabajos relativos al ámbito femenino son, como pueden suponerse, aún más escasos. El interés generado en los últimos tiempos sobre la historia social, y los estudios denominados de género en particular, hacen que sea preciso ahondar en estas temáticas y conocer en profundidad aspectos vinculados con la vida de las mujeres. Un tema dentro de estos estudios, que, por desgracia, sigue siendo actual es el concerniente a la violencia ejercida sobre las mujeres.

Los procesos judiciales son una fuente inestimable para comprender y entender la época moderna, así como adentrarnos en el estudio de la violencia contra las mujeres. Nos aportan información sobre los delitos, los procedimientos de prueba de las agresiones, las penas aplicadas a los culpables y un larguísimo etcétera. En Navarra, estos procesos se encuentran custodiados principalmente en dos archivos: el Archivo General de Navarra (en adelante, AGN) y el Archivo Diocesano de Pamplona (en adelante, ADP), ambos sitos en la capital navarra. Se diferenciaba la catalogación por la causa juzgada a nivel de tribunales civiles o eclesiásticos en función de diferentes criterios relativos tanto al hecho delictivo en sí como a los sujetos implicados. Por la gran densidad y los numerosos expedientes que, por suerte, han llegado hasta nuestros días, es preciso seleccionar un ámbito de estudio concreto. Teniendo en cuenta que la violencia contra las mujeres se producía en muchas ocasiones en el ámbito matrimonial, como sigue siendo hoy en día, y que este correspondía a la jurisdicción eclesiástica, el Archivo Diocesano de Pamplona constituye la mayor fuente de información.

Para conocer la verdadera dimensión e importancia de la violencia ejercida contra las mujeres en la sociedad navarra de la Edad Moderna, es preciso ser consciente de cuál era la situación y forma de vida del género femenino en la época. Solo así podremos comprender con claridad de qué forma las mujeres, en sus demandas ante los tribunales eclesiásticos, desafiaban las normas y se salían de las actitudes reservadas a lo que la moral colectiva les prescribía por su sexo y, a la vez, comprender mejor el porqué de determinadas actitudes, autos y sentencias de estos tribunales.

Definir de forma breve cómo era la situación de las mujeres en la Edad Moderna es ciertamente complicado y no es el objeto de esta investigación extendernos en esa explicación. Los numerosos estudios realizados en las últimas décadas con el objeto de poner a la mujer en su lugar en la historia ayudan a perfilar la forma de vida y el orden doméstico, pero esto está muy diferenciado por la clase social de pertenencia o el lugar de origen y residencia, ente otros factores. Evidentemente, no vivía igual una noble en una gran villa como Madrid que una labriega de una zona rural de Andalucía, aunque tuvieran ciertas actitudes y unas líneas morales de actuación en común. El acceso a los medios económicos, el nivel de vida, la calidad de la vivienda, el trabajo doméstico, las faenas en el campo, el ocio, la familia y un largo etcétera se veían definidos por determinadas circunstancias que, a su vez, hacían que la vida de las mujeres fuera muy distinta de unos lugares a otros. Y, sin duda, las clases sociales más elevadas disponían de una mayor libertad de acción y de movimientos, que estaban negados a los miembros de las inferiores.

En un mundo influenciado en todos sus ámbitos públicos por la religión y el dominio de la Iglesia católica hasta en el campo más íntimo y doméstico, entre las mujeres de clases sociales altas estaba estandarizado el cortejo y el adulterio galante, sobre todo en el siglo XVIII, denominado *chichisbeo,* que les permitía romper la monotonía de los matrimonios sin amor, de puro interés económico, y sentirse apreciadas y amadas. Estas mujeres vivían en un ambiente de ostentación y lujo continuo tanto en el vestir como en el comer (son conocidos los suntuosos banquetes de la época que ya desde el Barroco iban incrementándose en número de platos y refinamiento) y en el resto de las costumbres diarias que preconizaba la posterior sociedad de consumo[1].

Intentar comprender la situación femenina de la época es adentrarnos en la sociedad del Antiguo Régimen, rígida, estamental y cerrada, con espacios claramente diferenciados por sexos y clases sociales, y en los que no existía una igualdad jurídica, social y, mucho menos, económica. El catolicismo implantó la idea de la mujer supeditada al varón desde los textos más antiguos de los grandes Padres de la Iglesia, y ese axioma lideró la consideración en la sociedad de esta, subordinada y de capacidades inferiores. El *derecho de corrección* otorgado al hombre para controlar las actitudes femeninas desviadas o impuras permitió la generalización de la violencia contra la mujer, otorgándole cobertura frente a los tribunales siempre y cuando esta fuera *proporcionada.*

Por otro lado, la consideración de la belleza como símbolo de la femineidad era tan relevante que se definía en múltiples ocasiones a una mujer como *buena* por sus características físicas externas. La hermosura se considera una virtud que refleja otras del carácter femenino. Por tanto, la mujer descrita como fea será, a su vez, considerada como malvada, cruel, despiadada, poco respetuosa con su esposo o con la religión y será condenada y

---

[1] En este sentido, resulta interesantísimo el ensayo *Usos amorosos del dieciocho en España* de Carmen Martín Gaite.

rechazada. La correlación establecida entre bruja y mujer anciana y poco agraciada físicamente será una de las consecuencias de esta identificación. El cuerpo ideal de la mujer era orondo, dotado de redondeces y de caderas y pechos voluminosos. Esto era así no solo por su relación con la procreación, sino también porque se consideraban cuerpos sanos, alejados del hambre y la pobreza tan habituales en la época. La vestimenta típica intentaba reproducir e incluso exagerar esas formas deseadas, a la vez que transitaba entre el recato y la provocación a partes iguales. Los cartones de pecho limitarán la silueta del busto y el escote se verá tapado con tules y telas de mayor o menor calidad. En la parte inferior del cuerpo, los volúmenes surgirán de forma desorbitada con los verdugados, tontillos y guardainfantes, que también serán responsables de limitar el movimiento de la mujer. La basquiña, una falda exterior de varias capas y que aportaba mucho más volumen, habitualmente de color negro, cubriría los vestidos en las salidas a la calle de las mujeres, ya fuera para pasear, acudir a ceremonias religiosas o visitar a parientes y amigos en sus viviendas. El color negro, no solo síntoma de sobriedad, sino de poder económico, dado lo caro que era de conseguir en su versión más oscura y pura, será el definitorio en la monarquía de los Austrias. La posterior llegada al trono de los Borbones trajo significativos cambios en la moda, importando las tradiciones y gustos franceses, más coloridos y alegres. En las clases inferiores, estos hábitos en la vestimenta se mantendrán en la medida de sus posibilidades.

Las actitudes, maneras y comportamientos de las mujeres eran diferenciados de los de los varones, resultando los de las primeras más refinados y sutiles, y su conocimiento comportaba gran parte de la educación femenina de las clases más pudientes. Sus saberes quedan relegados a unas pocas habilidades domésticas (como el bordado o la organización del hogar) y sociales (música, lectura o declamación), con los que se consideraba que las mujeres tenían sobradas cualidades en los ámbitos domésticos y sociales para encontrar un buen marido y procrear hijos. Otros conocimientos, como las artes o las ciencias, les eran vedados al tener una inteligencia inferior que no les permitía comprenderlos ni desarrollarlos.

Los códigos simbólicos eran importantes en las relaciones entre sexos y basta leer la literatura de la época para entender cuan complejas eran estas interacciones y como estaban sometidas a ciertas claves rígidas y alejadas de la naturalidad y los deseos propios. Incluso las relaciones entre mujeres se sometían a estos comportamientos y estaban lejos de ser libres. Los chismorreos y el *qué dirán* regulaban las formas de actuar y ponían límites artificiosos a las relaciones, resultando una manera eficaz de contener comportamientos no deseados. Esta artificiosidad era también una forma de marcar límites y constreñir a las mujeres, límites que tanto los hombres como ellas procuraban mantener, sin desafiar las conveniencias. Los varones, por su lado, tampoco estaban libres de los límites sociales a su libertad, aunque estos no eran tan rígidos como en el caso femenino. Pero esto es otro tema alejado de esta investigación.

La situación, en general, de la mujer en los siglos XVI y XVII no era muy diferente a la medieval. En el mundo rural, la economía de subsistencia y la alta mortalidad infantil y en el parto marcaban una vida centrada en el trabajo en el campo, el cuidado del hogar y el mantenimiento de la familia. Apenas quedaba tiempo para la vida social más allá de festividades religiosas, ni para las diversiones. Se trabajaba de sol a sol, en condiciones penosas y sin acceso a los avances más básicos de la época, como la higiene, los médicos o técnicos y con una nutrición escasa y basada en lo esencial, carente, en demasiadas ocasiones, de proteínas y vitaminas.

Los matrimonios eran concertados por los progenitores, muchos de ellos en las ferias o mercados, lugares de encuentro por excelencia en las villas, pueblos y aldeas, basándose en la dote que se pudiera proporcionar y en las condiciones económicas de los futuros esposos. El *casar bien* era el objetivo de todas las jóvenes en una sociedad donde la soltería no estaba permitida y la única otra opción que quedaba era ingresar en un convento, para lo cual también se necesitaba dote. Los matrimonios por amor eran escasos o apenas existían, y los pactos entre familias eran la base en todas las clases sociales para acceder a crear un nuevo hogar. En los archivos se custodian numerosísimos casos documentados de secuestros de mujeres, de enlaces clandestinos no regulados por la Iglesia, de estupros y de demandas por promesas de matrimonio incumplidas, que demuestran cuán importante era en la sociedad el casamiento autorizado por los progenitores (el padre, sobre todo) y realizado conforme a las normas marcadas, de la misma forma que nos indica que la supuesta rigidez de las reglas sociales y morales era, en multitud de ocasiones, sorteada por los individuos buscando su propia felicidad.

El honor era una cualidad básica en esta sociedad, y su mantenimiento y defensa constituía una verdadera lucha. Se podía asesinar por defender el honor, se apartaba a miembros de la familia por no mantener esta virtud y su pérdida suponía un rápido descenso en la escala social. Aquella mujer que, animada por una promesa de matrimonio, entregaba su virginidad a un hombre, ponía en peligro no solo su honra, sino la de toda la familia, y ese hecho la legitimaba para demandar ante los tribunales el cumplimiento del casamiento o la indemnización mediante una dote que le permitiera optar con soltura económica, restaurada su reputación mediante sentencia, a buscar un nuevo pretendiente.

A nivel laboral, las mujeres del campo trabajan en las tareas propias del cuidado de la tierra y el ganado, y mantenían, además, la vivienda en condiciones de limpieza aceptables, cocinaban y se encargaban de la crianza de los hijos. El paso de las estaciones condicionaba su vida, como lo hacían las cosechas. En las ciudades, las mujeres podían pertenecer a gremios y realizaban trabajos fuera del hogar, como sirvientas o criadas en su mayoría, pero, aun así, vivían aisladas en un microcosmos de familia y trabajo. Las más pudientes tan solo se dedicaban al ocio y a las intrigas amorosas, dejando incluso el cuidado de sus hijos en manos de nodrizas y amas de cría.

Las mujeres de clase social más elevada vivían inmersas en la religiosidad extrema de estos siglos. También era notable en las féminas de nivel económico más bajo, pero estas, condicionadas por el duro trabajo de la subsistencia diaria, integraban en su cotidianeidad la oración y el ayuno. Las condiciones sociales en que vivieron las mujeres renacentistas se vieron condicionadas por el discurso eclesiástico, por supuesto, masculino, de quien dependerían para justificar su existencia. La Virgen María, por su virginidad, puesto que fue madre sin cometer pecado alguno de la carne, se convertirá en paradigma de mujer ideal. Así, la sexualidad pasó a ser el eje definitorio de la consideración femenina. En literatura, surgió la imagen de la «donna angelicata», que simbolizaba la mujer pura, alegoría de perfección espiritual, virtuosismo, honestidad y discreción; que a la vez reunía ciertos rasgos físicos idealizados (piel clara, cabello rubio, labios rosados, etc.). Esta belleza externa debía ser reflejo de la belleza interior de la dama, que a su vez sería reflejo de la *belleza divina*. Por otro lado, es importante hacer referencia al principal papel (o casi único) de la mujer: ser madre y cuidar de su prole. La educación, a la que apenas tenían acceso salvo en pocas ocasiones, no se consideraba adecuada para la mujer, al considerarla un ser de capacidades inferiores.

La falta de acceso a la educación llevaba a que los trabajos que realizaba la mujer fueran escasamente remunerados y vinculados a los sectores primario y secundario, como campesinas, pescadoras, aguadoras o artesanas, además de los típicamente femeninos, como curanderas o parteras. Al no tener formación y trabajo propio, carecían igualmente de ingresos o remuneración por los mismos, con lo cual dependían de un hombre, ya fuera el padre o el marido, para cubrir sus necesidades básicas. En las clases más adineradas, según avanza la Edad Moderna, las mujeres podrán ser dueñas de tierras y casas, pero esto no se extenderá a las que poblaban los estamentos más bajos.

El único ámbito donde la mujer podía recibir una instrucción y acceder a un tipo de vida alejado del matrimonio pactado por los padres era el convento y la vida religiosa. En ellos sí que se tenía acceso a la educación y era la salida que muchas mujeres tomaban, bien por fe o bien por distintas necesidades, ya fueran económicas (aunque, muchas veces, para entrar a una orden religiosa era necesario aportar dote) o de subsistencia, o bien al no encontrar marido en una edad adecuada. Cierto es que también existen numerosas vocaciones reales, propias de un entorno tan fuertemente religioso como el de la Edad Moderna.

La llegada del humanismo hará que la percepción del género femenino comience tímidamente a cambiar. Se empieza a permitir que las mujeres reciban educación y las damas de las clases más pudientes comienzan a preocuparse de formar, al menos mínimamente, a las niñas más empobrecidas, mediante instituciones benéficas religiosas. En el ámbito doméstico, sin embargo, la mujer seguirá relegada al hombre y bajo su tutela en todos los aspectos económicos y sociales. Las relaciones seguirán siendo desiguales y regidas por las costumbres anteriores, abundando los matrimonios pactados y una vida centrada en el trabajo, tanto doméstico como externo, y la crianza de los hijos como valores máximos de la mujer.

Será a partir del siglo XVIII, con la llegada de la Ilustración, cuando, por primera vez, la mujer de la alta aristocracia, burguesía, clase media y pueblo llano, se planteen de manera colectiva sus aspiraciones sociales y políticas. Con respecto a la alta nobleza, y a pesar de que debían someterse al poder del marido como lo hacían ante el del rey, había mujeres con gran inteligencia y ambición, que cosecharon un gran poder en los asuntos domésticos y en el mundo de las artes, siendo fervorosas mecenas. Por primera vez en 1766 se admite a una mujer, Mariana de Silva Bazán, en la Real Academia de las Bellas Artes de San Fernando. Las sociedades económicas, vehículo privilegiado de la Ilustración y que tanto desarrollo aportaron a España, no se quedaron atrás. Desde la fundación de la Real Sociedad Matritense de Amigos del País en 1775 ya se indicaba la necesidad de integrar a las esposas de los socios. En 1782 Josefa de Amar y Borbón entraba a formar parte de manera meritoria en la Sociedad Económica Aragonesa, y en 1785, María

Isidra Quintina de Guzmán y la Cerda, hija del conde de Oñate (entre otros títulos) fue nombrada socia honoraria y literata de la Real Sociedad Bascongada de Amigos del País.

Así, mientras que en el siglo XVII la llamada de Dios acaparaba las mentes de hombres y mujeres, en el siglo XVIII una faceta más terrenal sale a la superficie. Esto solo es posible gracias a la máxima ilustrada que defiende la separación entre la doctrina del Estado, la política, en otras palabras, lo público, y la doctrina religiosa, es decir, lo privado. Esta situación se dibuja como la más propicia para convertir esa faceta más terrenal en un arte en sí mismo, la del ocio y la despreocupación, que acabará siendo el perfecto terreno para convertir la conversación en arte, dotada siempre de un espíritu crítico muy desarrollado, de gran agudeza y comprensión, y desenvuelto en los salones de las clases altas, de las que varias mujeres fueron anfitrionas y en los que se desarrollaban importantes tertulias literarias y políticas[2].

Por supuesto, la situación de la mujer en el ámbito rural no se vio tan afectada por estos cambios de la nueva centuria. Su sociedad seguía manteniendo unos valores anteriores basados en la religiosidad, el honor y el duro trabajo, y el alejamiento de la educación, el ocio y, en general, de la esfera de lo público.

En este entorno social y cultural, que se ha descrito tan brevemente, la vida de las mujeres navarras se desarrollará oscilando entre la tradición y la modernidad. Los expedientes procesales del Archivo Diocesano de Pamplona nos muestran unas personas reivindicativas con su situación y dispuestas a luchar por defender sus derechos y mantener su integridad física y moral a salvo de diversos agresores, toda vez que intentan mantener su patrimonio y dote y asegurarse unos ingresos que les permitieran subsistir separadas de sus esposos.

---

[2] L. Criado Torres, «El papel de la mujer como ciudadana en el siglo XVIII: la educación y lo privado», Universidad de Granada, www.ugr.es/~inveliteraria/

EL MATRIMONIO EN NAVARRA EN EL ANTIGUO RÉGIMEN

2

2.1. LEGISLACIÓN APLICABLE

Teniendo en cuenta que una gran mayoría de los pleitos que se encuentran custodiados en el Archivo Diocesano de Pamplona son relativos a sucesos acaecidos durante el matrimonio, parece adecuado mencionar las características de esta institución, legislación por la que se regía y qué se mantenía en vigor de épocas anteriores. Es importante tener una visión general del contrato matrimonial y sus consecuencias jurídicas para ser conscientes de la situación real.

La conquista o anexión de Navarra a Castilla en 1512 trajo consigo muchos cambios al reino, pero mantuvo instituciones propias y una autonomía sujeta a refrendo por parte de Castilla. Jurídicamente, en los siglos XVII y XVIII, seguía estando en vigor el Fuero General, este había regido la vida navarra desde la Edad Media y posteriormente se completó con la Novísima Recopilación, que recogía las leyes de Cortes. El derecho matrimonial, y el derecho de familia en general, está también regulado en ambas compilaciones. Sin duda, el capítulo VII del título I del libro IV del Fuero General nos da la mejor idea de la concepción del matrimonio en la época de su promulgación, como contrato natural, regido por el derecho consuetudinario, y como sacramento bendecido por la Iglesia, forma que persistiría finalmente. Recoge aspectos básicos sobre el consentimiento, clases de matrimonio (en función de la clase social de los contrayentes), el deber de fidelidad, etc., que quedarían posteriormente absorbidos y mejorados por la legislación posterior.

Por su importancia en el tema que nos ocupa, destacamos el título III de la Novísima Recopilación de Leyes del Reino de Navarra, que se denomina: «De los adulterios, estupros, robos y fuerzas». Bajo sus leyes recoge algunas que son importantes para esta investigación. Son leyes promulgadas en los siglos XVI y XVII, que describimos a continuación con brevedad:

- Ley I (Cortes de Pamplona 1561). Que en los delitos de fuerzas y robos de mujeres y adulterios se guarde el derecho común.
- Ley II (Cortes de Pamplona 1580). Que los estupros de mozas no se puedan pedir pasados seis meses y no se dé fe ni crédito a su dicho transcurrido este tiempo (lo que nos explica la velocidad con la que están juzgados los casos). Según indica en su texto, esto se estipula ya que «suele haber muy grandes fraudes y engaños».
- La Ley III (Cortes de Pamplona 1667). Añade que «con la presunción de derecho, que asiste a las mujeres, y la facilidad que hay en la probanza por presunciones, se abalanzan a escoger maridos, y muchas veces padecen los que no han tenido culpa», ante lo cual, se pide eximir en este punto de la aplicación del derecho común y usar el Fuero, que exigía probar la violencia y la fuerza real para los casos de estupro y usar únicamente la presunción para los casos de palabra de casamiento, realizando la prueba siempre mediante testigos mayores de toda excepción.
- La Ley IV (Cortes de Pamplona 1678) incide en esto, dado el crecimiento de los pleitos de estupros, intentando limitar la proliferación de estos.

La recepción de la doctrina del Concilio de Trento tuvo su relevancia en cuanto afectó a la regulación eclesiástica del matrimonio. En su sesión 24, el 11 de noviembre de 1563, se publicó el «Decreto sobre la reforma del matrimonio», conocido como *Tametsi*, que proclamaba la sacramentalidad del matrimonio, la eliminación de los matrimonios clandestinos, la forma de celebración del matrimonio y requisitos para su validez, etc. Las constituciones sinodiales de Pamplona de 1590, vigentes hasta la cercana fecha de 1958, adaptaron la disciplina eclesiástica a las normas tridentinas. Estas constituciones son prolijas y estrictas a la hora de regular la institución matrimonial, estableciendo graves penas para sus incumplimientos. A nivel estatal, la legislación tridentina fue recogida en 1564 por Real Cédula de Felipe II, que introdujo el matrimonio canónico como el único legal posible (estando en vigor hasta 1870 cuando se promulgó la primera y novedosa Ley sobre el Matrimonio Civil), refrendado por una ordenanza del Consejo General de Navarra, de ese mismo año, indicando la validez y respeto del

Concilio en los territorios navarros. Tras esta real cédula quedaron como aplicables los artículos del Fuero General relativos al régimen económico matrimonial, y el respeto a determinadas costumbres, que desembocaban en el derecho consuetudinario. Aun así, como veremos más adelante, determinadas costumbres pretridentinas continuaron vigentes, siendo, si no legales, comúnmente aceptadas al menos.

Tal como observa Roldán Jimeno Aranguren, «el matrimonio navarro de las últimas décadas del siglo XVI y las dos siguientes centurias estuvo marcado por la férrea aplicación de la legislación canónica, con llamadas de atención severas [...] o la infinidad de advertencias correctoras de las visitas pastorales del obispo o sus comisionados»[3].

2.2. REQUISITOS PARA LA VALIDEZ DEL MATRIMONIO

Los requisitos para contraer matrimonio están perfectamente recogidos en la legislación y actúan como garantes de la validez de este, otorgando seguridad jurídica a los contrayentes y procurando delimitar en lo máximo posible toda la casuística para evitar procesos de anulación y nulidad, y eliminar las prácticas no deseadas bien por el poder civil o el eclesiástico.

El requisito inicial necesario para la validez del consentimiento nupcial era la edad de los contrayentes, que se establecía, por norma general y proveniente de la costumbre, en la pubertad real, en torno a los catorce años en los hombres y doce en las mujeres. Es evidente que era necesario tener la edad adecuada y la madurez física suficiente para poder realizar el acto sexual y de esa forma consumar el matrimonio; en caso contrario (la no consumación bien por imposibilidad física o por otros motivos) podía devenir en la declaración de nulidad del casamiento. La edad habitual de contraer matrimonio fue en ascenso a medida que trascurría el tiempo. En la Edad Moderna, lo más habitual era casarse entre los veinte y veinticinco años. En algunas zonas, frecuentemente, las mujeres eran mayores que los maridos[4].

En el capítulo VII del título I del libro IV del Fuero General ya citado, se mencionan las arras matrimoniales, que, de una forma simbólica, han

---

[3] R. Jimeno Aranguren, *Matrimonio y otras uniones afines del Derecho Histórico Navarro (siglos VIII-XVIII*, Madrid, Dykinson, 2015.
[4] Á. García Sanz, *Demografía y sociedad de la Barranca de Navarra, 1760-1860*, Pamplona, Gobierno de Navarra, 1985.

llegado hasta nuestros días en las ceremonias religiosas, que eran recogidas como fianzas para el cumplimiento de la promesa de casamiento por ambas partes. Estas arras no eran consideradas como requisito necesario, pero sí eran habituales.

Pero previo a estas arras estaba el momento del compromiso por ambos, la llamada promesa o palabra de matrimonio que nos ocupa en esta investigación, lo que posteriormente se conocería como compromiso matrimonial.

El consentimiento es una parte fundamental en el proceso del contrato matrimonial, ya que su consideración como contrato entre dos partes estaba vigente y en vigor junto al concepto de sacramento, uniéndose así la tradición romana civil y la normativa eclesiástica. Ese consentimiento era preciso tanto por parte de los contrayentes, obvio, como por parte de los padres, y no solo en caso de que fueran menores de edad, sino que su agrado era preciso en todos los casos. Los hijos e hijas menores de veinticinco años debían pedir y obtener el consejo y consentimiento de su padre, en su defecto de su madre, y en ausencia de ambos, de los abuelos o parientes más cercanos, en su caso. El incumplimiento del requisito del consentimiento paterno podía derivar en que el matrimonio fuera válido, pero ilícito. Además, desde el punto de vista económico, era casi impensable no contar con el beneplácito familiar, necesario para dotar a la nueva familia de bienes indispensables. La costumbre del sistema de heredero único, típicamente navarra, y las dotaciones a los hijos segundones hacían indispensable la conformidad familiar. En el siglo XVIII abundaron los casos de libre elección, sin consentimiento paterno, de tal forma que la Pragmática Sanción de 1776 acabó prohibiendo los matrimonios de menores de veinticinco años sin el consentimiento de los familiares, con el pretexto de impedir que se contrajeran uniones desiguales[5].

Toda vez que, a partir del Concilio de Trento, en su decreto *Tametsi*, se prohibían los matrimonios clandestinos sin presencia de autoridad parroquial, la regulación eclesiástica del mismo también es relevante, como ya hemos indicado. El concilio también estableció la característica fundamental del contrato matrimonial, que es el consentimiento entre las dos partes, aunándolo con la teoría del matrimonio como contrato-sacramento[6]. El consentimiento debía ser libre, simultáneo, puro, expreso, verdadero y mutuo.

---

[5] Esta Pragmática Sanción es la incorporada a la legislación navarra en la Ley 21 de las sesiones de Cortes de Pamplona de 1780-1781.
[6] R. Jimeno Aranguren, *Matrimonio y otras uniones..., op. cit.*

Las constituciones sinodiales de Pamplona de 1590 establecieron el matrimonio como:

> celebrado con señales exteriores, por las cuales y el consentimiento legítimo, que por ellos se significa, se dan el uno al otro el señorío sobre sí para vivir siempre juntos. Las palabras de la mujer son como forma y las del varón como materia, diciendo el varón: yo me otorgo por vuestro marido y yo os tomo como mujer; y ella: yo me otorgo por vuestra mujer, u os recibo como marido, u otras semejantes. Y no se puede celebrar este sacramento sin estar presente el propio cura, u otro sacerdote con licencia del mismo cura o del ordinario y con él dos o tres testigos[7].

No fue hasta finales del siglo XVIII cuando, por influencia del derecho natural, comenzó a valorarse la separación del acuerdo de voluntades (contrato consentido) y del sacramento. En Navarra, sin embargo, el derecho natural no terminó de calar, y siguió predominando la concepción sacramental de los esponsales. La literatura de la época, principalmente el tratado matrimonial de Joaquín de Lizarraga de 1782 o la obra del aragonés Antonio Arbiol sobre la regulación de la familia de 1715, ahondaban en el concepto cristiano de matrimonio y familia, la continencia sexual y el celibato como estado más perfecto. El matrimonio se justifica como medio dispuesto por Dios para perpetuar a los hombres mediante la procreación y como medio de práctica de la vida cristiana. Tímidamente se separaba el contrato, como vehículo para realizar los esponsales, del sacramento, lo realmente importante y que otorgaba la gracia de Dios.

Las disposiciones inspiradas por el Concilio de Trento rigieron, pues, el matrimonio durante la Edad Moderna, cuyo proceso comenzaba con la confesión y arrepentimiento de los pecados para poder tomar el sacramento, y con tres misas preceptivas de amonestaciones y publicidad, distanciadas en el tiempo (aunque a veces había dispensa parroquial y no se celebraran, o lo hacían en menor número). Las amonestaciones tenían como finalidad dar publicidad a la próxima celebración del matrimonio, da tal forma que aquel que conociera algún impedimento para ello, pudiera declararlo.

La legislación sinodial incidía en la forma de celebración de las nupcias, ante sacerdote, y de manera pública y con testigos, pero no tanto en el lugar de celebración, que, no obstante, era la iglesia o parroquia de los contrayentes

---

[7] Sínodo de Pamplona de 1590, libro 1 Matrimonio.

muchas de las veces, para reforzar la publicidad de este, en la misma puerta. El acto nupcial se completaba con la realización de una misa de esponsales. Era muy importante el celebrar el matrimonio en la lengua de los contrayentes, pudiendo devenir en su nulidad el contrariar este precepto, puesto que afectaría a la validez del consentimiento, ya que quedaría viciado al no comprender, uno o ambos contrayentes, el sentido de la ceremonia. Asimismo, era necesario que se celebrase en la parroquia de uno o de los dos. Los párrocos tenían prohibido, salvo licencia especial, el celebrar matrimonios de fieles de otras parroquias, residentes lejanos o extranjeros. Se buscaba con esta medida un mayor control en los matrimonios y el cumplimiento de la legalidad.

Las ceremonias de boda fueron ganando en boato y ornamento dentro del Barroco, el enlace suponía todo un acontecimiento social, sobre todo en las clases altas, o cuando los novios pertenecían a distintas localidades, lo que implicaba desplazamiento de los familiares y amigos invitados al evento, que normalmente se celebraba en el lugar de residencia o nacimiento de la novia. Dependiendo de la distancia existente entre estos lugares y de las posibilidades económicas de los familiares de los contrayentes, la celebración de un enlace podía suponer el momento en el que las familias y amistades se juntaban tras largo tiempo sin verse, aprovechando para reforzar lazos, realizar negocios e, incluso, apalabrar nuevos enlaces. Los suntuosos banquetes de boda barrocos, celebrados por las clases sociales más pudientes, fueron a veces amonestados por la Iglesia, alegando que se perdía la esencia del sacramento matrimonial.

Posteriormente a su celebración, el matrimonio debía someterse a la inscripción en el libro de registro de la parroquia, que otorgaba definitiva validez a los esponsales, recogiendo el cumplimiento de los requisitos antes comentados de legalidad, de forma similar a esta:

en veintisiete de abril de mil setecientos treinta y dos, por Santo Sacramento del matrimonio que por palabras de parte contrajeron Francisco Fernández, soldado del regimiento de Burgos, natural de Medina del Rio Seco, obispado de Palencia, hijo legítimo de Nicolás Fernández y Manuela González su mujer, y Joaquina Ameztoy, natural de esta ciudad, habiendo precedidos dos denunciaciones de las tres que dispone el Santo Concilio de Trento en dos días festivos al tiempo del ofertorio de misas populares en esta iglesia, y dispensa de la tercera y licencia del Señor Vicario General, y de no haber resultado impedimento alguno, fueron testigos Juan de Eleza, Thomas Mosi y Luis de la Zera[8].

---

[8] ADP, Anotación del libro de casados 03 (1727-1801) de la parroquia de Pamplona de San Lorenzo.

El último requisito para la validez del matrimonio era la consumación. La Iglesia subrayaba históricamente la importancia de la consumación del matrimonio desde la Alta Edad Media, a partir de dos teorías, una, la consensual del derecho romano, y otra, la germánica que dotaba de validez al matrimonio una vez finalizada la primera relación sexual plena. En el momento histórico que estudiamos, a partir de la regulación tridentina, la consumación cumplía el último de los requisitos formales y confirmaba la existencia de una relación en un periodo en el que los matrimonios concertados por motivos económicos eran habituales. La no consumación del matrimonio suponía que este era nulo.

2.3. LA PERSISTENCIA DE LAS COSTUMBRES PRETRIDENTINAS EN LA NAVARRA DEL SIGLO XVIII

Debemos mencionar en este punto la costumbre habitual en Navarra (y ciertamente en muchas zonas de Europa) de la persistencia de matrimonios clandestinos, no sujetos a la celebración de acuerdo a las normas, bien por la no asistencia del cura adecuado, la falta de consentimiento paterno o familiar, la celebración sin la publicidad adecuada, u otros motivos. Detrás de esta situación se encuentran diversas circunstancias: eludir matrimonios obligados, diferencias sociales o económicas, matrimonios por amor o, incluso, matrimonios prohibidos. Diversas leyes y visitas eclesiásticas lucharon por evitar esos matrimonios clandestinos, pero, de una forma u otra, siguieron realizándose.

Asimismo, el concubinato, social y moralmente aceptado, consistía, sino una situación habitual en la época, un hecho no del todo extraño, sobre todo en las clases sociales más pudientes. La existencia de mancebas, barraganas o concubinas fue habitual, coexistiendo a menudo con la esposa legítima en la misma vivienda. Puramente, no se trataba de bigamia, ya que la relación con la barragana no estaba realizada bajo el rito tridentino, sino por un acuerdo «a fuero de tierra» considerado válido a los efectos por todas las partes implicadas, incluyendo la esposa legítima y posibles herederos. En Navarra hubo gran oposición a la aplicación estricta de las normas tridentinas frente a la costumbre local y, hasta bastante avanzada la segunda mitad del siglo XVIII, siguieron siendo relativamente habituales estas situaciones.

De la misma manera, se siguió contando en muchísimas ocasiones con el consentimiento paterno para la celebración del matrimonio a pesar de que la legislación conciliar de Trento eliminó este requisito para su validez.

En Navarra se consideró prioritario el respeto a la familia, y el contraer matrimonio sin el consentimiento paterno constituía una falta de respeto. Buscando eliminar definitivamente los matrimonios clandestinos, terminó por promulgarse en 1776 una pragmática sanción que en 1780 y 1781 se elevó a Cortes, regulando el consentimiento paterno obligatorio para los matrimonios con alguno de los contrayentes menores de edad.

El requisito esencial del consentimiento de los contrayentes, y sus requisitos establecidos y tasados de realizarse en libertad, simultáneamente, puro, expreso, verdadero y mutuo, chocó directamente contra la costumbre de los denominados matrimonios *a visitas*, matrimonios concertados donde los futuros cónyuges vivían en distintos lugares. Los padres convenían el casamiento visitando varias veces a los familiares del otro contrayente. Los novios, a veces, ni se conocían entre sí, para evitar que se opusieran al enlace. Los motivos económicos regían principalmente la decisión de encontrar marido o mujer a los hijos, aunque en ocasiones podía deberse a intentar evitar otro matrimonio no deseado por los progenitores, o desposar a quienes no agraciados por defectos psíquicos o físicos no podían establecer el enlace de la forma habitual, entre otras motivaciones. En muchas ocasiones eran apalabrados en lugares y eventos públicos, como mercados o festividades, en los que era habitual acudir para concertar estos casamientos y buscar prometido para los hijos, tal es el caso, por ejemplo, del mercado semanal de Estella, donde existió durante mucho tiempo una zona diferenciada dedicada a estos usos[9]. Estos matrimonios continuaron hasta el siglo XX en zonas rurales alejadas de la capital.

---

[9] Resulta interesante consultar la web http://www.estellaricaenmemoria.com/ sobre el patrimonio inmaterial de Estella. En ella se recoge el resultado del proyecto propiciado por el Ayuntamiento de Estella-Lizarra en el que, a lo largo de tres años, entre 2016 y 2018, han participado ochenta personas de edad avanzada y con experiencias de vida muy diversas para, entre todas, reconstruir la vida de la Estella-Lizarra de principios del siglo XX, anterior a los grandes cambios tecnológicos que han transformado el mundo en las últimas décadas. Estas personas nos han contado cómo vivían; cómo eran sus casas y sus familias; qué comían; cómo celebraban los nacimientos y las bodas; cómo honraban la muerte; cuáles eran los oficios –algunos de ellos ya desaparecidos– con los que se ganaban la vida; cuál fue su experiencia de los sucesos históricos que les tocó vivir; de qué manera se divertían en las fiestas; qué canciones escuchaban o qué bailes danzaban.

LA JUSTIFICACIÓN
DE LA VIOLENCIA CONTRA LA MUJER:
DOCTRINA MORAL, FILOSÓFICA Y CRISTIANA

3

El uso del sintagma «violencia de género» hace referencia a la violencia ejercida contra las mujeres, incluyendo la física, la psicológica y la social, según su acepción más habitual y común. Históricamente, este término es consecuencia de la consideración del género como una construcción social y cultural, distinta del sexo biológico y se vio acuñada en la década de los sesenta del pasado siglo XX[10]. Evidentemente, su uso para un estudio sobre los tiempos modernos incurriría en el peligro de un empleo presentista del mismo, proyectando conceptos contemporáneos para interpretar el pasado. En ese campo, se ha utilizado «violencia contra las mujeres», categoría que englobaría todos los aspectos que se reúnen en lo hoy conocido como violencia de género, sin necesidad de entrar en un análisis específico que excedería de los límites de este trabajo y debería recorrer otros caminos en su investigación.

En cualquier caso, para el análisis que realiza el presente trabajo es necesario comenzar por conocer cómo se justificó la violencia contra la mujer en nuestro país desde un punto doctrinal, moral y filosófico, para entender la cierta normalización de esta que se dio en la época del Antiguo Régimen.

---

[10] El término *violencia de género* como referencia a la violencia contra las mujeres supone la traducción de *violence against women* empleado por organismos internacionales como la OMS y la ONU, así como por legislaciones internacionales. Identifica a las mujeres como sujetos pasivos principales de la violencia de forma unidireccional. El concepto de género ayuda a entender que las que se ven como características naturales de hombres y mujeres no se derivan del sexo de las personas, sino que son construidas culturalmente y a este concepto de género se adjudican simbólicamente las expectativas y valores que cada cultura atribuye a hombres y mujeres. Aunque algunos autores buscan el origen del término en referencias a la construcción de la identidad femenina en obras anteriores como *El segundo sexo* de Simone de Beauvoir, la palabra *género* fue utilizada por primera vez por John Money, psicólogo y médico neozelandés, en 1955. Este término hace referencia «a los modos de comportamiento, forma de expresarse y moverse, y preferencia en los temas de conversación y juego que caracterizaban la identidad masculina y femenina». En la década posterior, los estudios sobre este nuevo concepto comenzaron a ser cada vez más numerosos. M.ª E. León Rodríguez, «Breve historia de los conceptos de sexo y género», *Revista Filosofía Univ. Costa Rica*, LIV, 138, enero-abril, 2015, pp. 39-47.

Que la mujer y los hijos debían obedecer al cabeza de familia es una idea arraigada en el cristianismo basada en la Carta a los romanos de san Pablo. Sin embargo, la de la inferioridad femenina no era nueva:

> ya la cultura grecolatina se caracterizó por un marcado androcentrismo, típico de todas las culturas patriarcales. La sociedad, la política y el derecho obstaculizaban todo intervencionismo de la mujer, cuyo estatuto social era similar al del niño, siempre bajo la tutela de alguien, bien el marido o bien el padre; más aún, las diferentes antropologías, en concreto la platónica y la aristotélica, consideraban a la mujer como un ser inferior al hombre y hasta desde el punto de vista biológico se confirmaba esta inferioridad[11].

¿Dónde queda entonces la idea cristiana de la igualdad a los ojos de Dios? ¿Es posible concebir esa diferencia de tratamiento entre el hombre y la mujer en una sociedad igualitaria? Ya en el libro del Génesis se cita que tanto el hombre como la mujer fueron creados a imagen de Dios[12]. En ese mismo libro aparece la idea de que la mujer y el hombre fueron creados para una comunidad plena y de igualdad (la palabra «ayuda» [azar], usada para designar a la mujer en Génesis 2:18, se refiere a Dios en la mayoría de los casos en que se usa en el Antiguo Testamento)[13]. De la misma manera, en la formación de la mujer tomada del hombre se demuestra unidad e igualdad fundamental de los seres humanos[14], aunque en muchas ocasiones este concepto ha sido usado precisamente para justificar la inferioridad femenina. Pero el tema de la caída, la gran traición y el error de Eva, que llevaron a la expulsión del paraíso, fue tomado por los Padres de la Iglesia como un símbolo de su posición moral y física por debajo del hombre.

San Agustín, inspirándose en la tradición grecolatina, realiza una formulación antropológica y filosófica, basándose en el relato del Génesis de la formación del cuerpo de la mujer a partir del masculino[15]. Desde la interpretación que san Agustín hace del dato bíblico de la creación del hombre, la razón de ser de la mujer es prestar al varón la ayuda de que este tiene necesidad. Esta ayuda se concreta exclusivamente en la procreación:

---

[11] C. Morano Rodríguez, *Antigüedad y cristianismo: monografías históricas sobre la Antigüedad tardía*, 7, Universidad de Murcia, 1990, pp. 313-318.
[12] Gén 1:26-28.
[13] I Sarn 7:12; Sal 121:1-2.
[14] Gén 2:21-23.
[15] Gén. 2:21, 22.

«mas si se pregunta para qué era conveniente esta ayuda, probablemente ninguna otra cosa encontramos a no ser la generación de los hijos, así como la tierra es una ayuda para la semilla, puesto que de una y otra nacen las plantas»[16].

Y en dicha tarea la mujer ayuda al hombre pasivamente, como la tierra que recibe la semilla[17].

Con el recurso de Aristóteles, santo Tomás de Aquino –como Graciano y Abelardo antes que él– consideró que las consecuencias de la caída no hacían más que confirmar el orden natural y la inferioridad de la mujer. El hombre es lo activo, el intelecto, la razón. La mujer es lo inferior, lo pasivo, lo material, el cuerpo[18]. Tiempo más adelante, en autores como fray Luis de León, perdura una imagen peyorativa de la mujer, como fuente de mal y de perversión, encarnación del mal y de escasa moralidad[19]. Así pues, el hombre, ser superior, debe guiarla y apartarla del mal camino, de tal forma «que la provea de algún aviso y para que le busque y encienda alguna luz que, sin engaño ni error, alumbre y enderece sus pasos por todos los malos pasos deste camino y por todas las vueltas y rodeos dél»[20].

Juan Luis Vives, en cambio, tendrá una visión algo más abierta hacia la mujer, defendiendo una cierta igualdad en su pensamiento para con el hombre, pero su obra, altamente moral y centrada sobre todo en la *instrucción* citará varias normas de conducta sobre la debilidad femenina y su sumisión obligada, derivada de lo anterior, al padre y al marido: «No oyes lo que dize Jesu Christo nro. verdadero señor: Tú estarás debaxo la potestad del varón y el tendrá señorío sobre ti»[21]. Incluso un texto avanzado como es *La instrucción de la mujer casada* (publicada en 1524) demuestra la normalización del maltrato, en una mención casual, casi irrelevante, como parte de la argumentación para que mantenga el silencio ante la opinión del esposo, a la vez que abogaba firmemente por el mantenimiento del vínculo matrimonial,

---

16 En san Agustín, *De Genesi ad litteram*, 9, 11, 19.

17 C. Morano Rodríguez, *Antigüedad y cristianismo...*, *op. cit.*, pp. 313-318.

18 B. S. Anderson y J. P. Zinsser, *Historia de las mujeres: una historia propia*, vol. I, Barcelona, Crítica, 1991, p. 279.

19 J. Lorenzo Arribas, «Fray Luis de León: un misógino progresista en la querella de las mujeres. Relectura de *La perfecta casada*», en *Feminismo y misoginia en la literatura española: fuentes literarias para la historia de las mujeres*, C. Segura Graíño (coord.), Madrid, Narcea Editores, 2001, pp. 59-80.

20 Fray Luis de León, *La perfecta casada*, https://www.cervantesvirtual.com/obra-visor/la-perfecta-casada--1/html/ffbbf57a-82b1-11df-acc7-002185ce6064_3.html

21 J. L. Vives, *La instrucción de la mujer casada*, https://www.culturaydeporte.gob.es/cultura/bibliotecas/novedades/publicacion-del-mes/2020/noviembre-2020.html

aunque la elección del esposo o esposa se demostrara errónea. Esta obra de Vives tuvo una gran influencia no solo en educación de la mujer en Europa, sino en la formación femenina en la América española.

La influencia de Erasmo de Rotterdam en la adopción de una concepción nueva del matrimonio tendría gran influencia en los humanistas españoles. En su coloquio *Mempsigamos*, dedicado al matrimonio, los personajes de Eulalia y Xantipe conversan acerca de las virtudes y defectos de sus maridos. A través de este diálogo, Erasmo desgrana las virtudes ideales de la mujer casada y las claves del éxito de un matrimonio, haciendo hincapié en la sumisión y obediencia de la esposa y en la capacidad del marido de corregir comportamientos indebidos[22]. Es preciso recordar que, en su *Elogio de la locura,* Erasmo dotaba a las mujeres de no pocas cualidades negativas: terquedad, simpleza, debilidad de espíritu, tendencia al alboroto, inclinación al placer y a la frivolidad, etc. Lo que hace comprender esa capacidad de corrección de los maridos sobre las actitudes erróneas de sus esposas, que, por otra parte, parecían ser inevitables en ellas. La educación familiar le parece básica para el desarrollo de comportamientos nobles y virtuosos, y a la vez, se esfuerza en encontrar modelos que ofrecer a las mujeres, donde predominan los que presentan conductas ejemplares de vida, desde el punto de vista religioso-moral; sin que ello suponga la no consideración de conductas rechazables por escandalosas, como ejemplo a evitar[23].

Hubo otros autores, como Francisco de Osuna en su obra *Norte de los estados* o Fray Luis de León en *La perfecta casada*, que continuaron la línea de Vives sobre el comportamiento y sumisión que deben guardar las mujeres en el matrimonio, en aras de conservar la paz conyugal y el respeto a su esposo[24].

El jesuita Tomás Sánchez en sus *Controversias del santo sacramento del matrimonio*, obra publicada por primera vez en Génova en 1592, recogió las opiniones de diversos tratadistas, colocando a la esposa como víctima de la violencia del marido e insistiendo en que las insidias y amenazas podían constituir causa de divorcio. Realiza un cuidado desmenuzamiento de las motivaciones para recurrir a los tribunales, desautorizando los castigos de

---

[22] A. Gil Ambrona, *Historia de la violencia contra las mujeres. Misoginia y conflicto matrimonial en España*, Madrid, Cátedra, 2008, pp. 180-181.

[23] R. F. Revuelta Guerrero, «Mujer y su imagen en los textos de Erasmo de Rotterdam», *Revista de Estudios Colombinos,* 11, 2015, pp. 85-102.

[24] A. Gil Ambrona, *Historia de la violencia...*, *op. cit.*, p. 192.

los maridos a sus mujeres que se extralimitaran por ser constantes, demasiado graves o con *odio capital*[25].

Pero esta idea de inferioridad está íntimamente ligada a otra que es de total interés en la presente investigación: al ser la mujer un ser de menor entidad, el hombre podía corregir y adecuar su camino de vida hacia lo bien hecho, entendido de forma social y moral. Desde el derecho romano, la mujer siempre estuvo sometida a potestad o, cuando era *sui iuris*, a tutela. La situación de inferioridad jurídica de la mujer podía verse acentuada con el *matrimonio cum manu*, que determinaba su ingreso en la familia del esposo con una especial sumisión a su marido (*manus*) o al paterfamilias de este[26]. Aunque en el derecho medieval, la institución de la tutela no estaba regulada exhaustivamente, se mantenía la tradición romana y la mujer, como sujeto de derecho, estaba condicionada a la decisión y jurisdicción primeramente de su padre y, posteriormente, de su esposo. La negación de la capacidad jurídica deriva de todo lo anteriormente comentado sobre la concepción de la mujer como un ser de capacidades inferiores al hombre, y supone que deben estar sujetas a la potestad de alguien más competente[27].

En la Edad Moderna, el matrimonio y la familia eran las instituciones sociales básicas sobre las que se cimentaba la sociedad. Al padre de familia se le confirió máxima potestad para ordenar y cuidar del grupo familiar compuesto por la esposa, los hijos, y los criados o esclavos; así se pensaba que era posible preservar mejor todo el orden social y esa fue siempre la máxima preocupación que presidía la acción de gobierno de la monarquía hispana[28]. En un momento en la que las mujeres en edad adulta apenas vivían en soltería, sino que la situación civil ideal era monja o casada, cobra gran importancia el derecho de corrección del marido, y, por extensión, de cualquier hombre, sobre la mujer. Y ahondando más sobre ello, ¿el derecho de corrección justifica la violencia?

Las agresiones dentro del matrimonio se justificaban tanto por la concepción patriarcal del poder como por ese sentimiento de que la mujer era un ser inferior al que había que guiar o por el rencor y repulsa al cónyuge con el que se había establecido un matrimonio sin amor. Los malos tratos, y

---

[25] *Ibid.*, p. 202.

[26] V. E. Pérez, «Capacidad de la mujer en Derecho Privado Romano», *Clepsydra*, 16, 2017, pp. 191-217.

[27] A. M. Espanha, «El estatuto jurídico de la mujer en el Derecho Común clásico», *Revista Jurídica Universidad Autónoma de Madrid*, 4, 2016, pp. 71-87.

[28] M. Ortega López, «Violencia familiar en el pueblo de Madrid en el siglo XVII», *Cuadernos de Historia Moderna*, 31, 2006, p. 8.

la violencia en general contra la mujer, fueron entendidos en época moderna como un mal menor, que apenas trastocaba la paz social. El castigar *con moderación* a la mujer era visto como algo normal y habitual sin apenas consecuencias jurídicas ni sociales. Jaime Corella, uno de los más populares tratadistas del siglo XVII, escribía en su obra *Práctica del confesionario y explicación de las LXV proposiciones condenadas por la Santidad de N.S.P. Inocencio XI* que «habiendo causa legítima, lícito es al marido castigar y aun poner manos en su mujer moderadamente, a fin de que se enmiende»[29].

La violencia generalizada de la sociedad de la Edad Moderna se trasladaba a la vida doméstica, por lo que en este contexto es habitual encontrar referencias al uso de los excesos de fuerza y agresiones para solventar todo tipo de conflictos. Hablamos, además, de un entorno en el que la desigualdad estaba presente en todos los órdenes, por lo que también en el interior de las casas se aplicaban los mismos principios.

Claramente, las actitudes, palizas y golpes que pusieran en peligro la vida no eran defendidas ni por los tribunales, ni por la sociedad, pero otro tipo de castigos, corporales o verbales, se consideraban autorizados por el derecho de corrección del varón. La idea, además, de que los conflictos internos del hogar debían ser resueltos en ese entorno, sin que trascendieran los desórdenes al exterior, incidía en que las prácticas violentas quedaran en la intimidad. Desde ese punto de vista, las *correcciones de palabra y de obra* eran asumidas con normalidad. Francisco de Osuna, en la ya mencionada *Norte de los estados,* expresaba el sentimiento generalizado en dos cuestiones: la corrección del esposo usando las manos y otros instrumentos, y la realización del acto en privado, por no comprometer aún más en público su dignidad[30].

Los moralistas de finales del XVI elaboraron los *avisos de casados* que contenían diversas pautas de conducta acerca de la enmienda y la represión. Joan Estevan, quizá el más moderado, recomendará las reprimendas de la siguiente forma:

> [...] si por vía de corrección, reprendes y riñes a tu mujer, y con la moderación y la templanza que debes, y sin afrentarla delante de otros y sin ponerle falsos

---

29 J. Corella, *Práctica del confesionario y explicación de las LXV proposiciones condenadas por la Santidad de N.S.P. Inocencio XI,* Madrid, 1690, p. 39.
30 M.ª L. Candau Chacón, «El fracaso de la unión conyugal: divorcio y malos tratos a fines del Antiguo Régimen», en M. Torremocha Hernández (dir.), *Violencia familiar y doméstica antes los tribunales (ss. XVI-XIX). Entre padres hijos y hermanos, nadie meta las manos,* Madrid, Sílex, 2021, pp. 216-217.

testimonios, en tal caso no solo no es pecado reñirle ni reprenderla, más antes es virtud y merece el marido por ello, y el no hacerlo sería digno de culpa, porque a cargo del superior está corregir al inferior, y como el varón sea cabeza de la mujer, a su cargo está el corregirla[31].

Pero el castigo o reprimenda recibido estaba relacionado con la gravedad del acto cometido por la esposa (faltar el respeto, no realizar sus funciones propias como esposa, abandonar al marido, adulterio, etc.). Hay entonces una cierta reciprocidad entre la *falta* cometida por la esposa y el castigo recibido que está permitido. Recordemos que durante siglos en los casos de adulterio se permitía al marido tomarse la justicia por su mano y matar al amante de su mujer e incluso a ella misma, sin que hubiera consecuencias penales. Ante las actitudes más importantes, el castigo debía ser más severo, permitiéndose el castigar *como a criada,* lo que permitía ya el uso de la violencia física[32]. Eso sí, los tratadistas de la época –como haría fray Alonso de Herrera en el *Espejo de la perfecta casada* que «se corrija y castigue con mano enferma o tan manca que apenas la pueda levantar»–, estaban en contra del uso de métodos más dañinos como bofetadas, puñetazos o correazos con diversos objetos.

¿Cómo debía actuar una mujer ante la violencia de su esposo? En principio, debía asumirlo como algo que le correspondía padecer por sus errores o faltas, como un mal que se merecía por su propio comportamiento, ante lo cual, apenas podía alegar nada o emitir queja alguna. Ahora bien, como veremos, estaba admitida *una cierta violencia* ejercida por el marido, padre, hermano o cualquier otro hombre en posición social o moral superior con la que tuviera dependencia directa (nobles o religiosos entrarían en esta categoría). Cuando los malos tratos subían de nivel, la comunidad ejercía una función básica de mediador de transgresiones domésticas, bien para consensuar las resoluciones tomadas o bien para condenarlas con dispositivos alternativos a los propuestos por la justicia oficial[33]. Pese a que el derecho de corrección era atribuido por la mentalidad común y la literatura moral al esposo sobre su cónyuge, no es menos cierto que su violencia también era objeto de valoración negativa por parte de la vecindad[34]. Y es necesario destacar que, a diferencia de la época medieval, a partir del siglo XVII, la

---

[31] J. Estevan, *Orden de bien casar y avisos de casados*, http://www.liburuklik.euskadi.eus/handle/10771/8961

[32] M.ª L. Candau Chacón: «El fracaso de la unión conyugal...», *op. cit.*, p. 219.

[33] M. Torremocha, *Matrimonio, estrategia y conflicto (ss. XVI-XIX)*, Salamanca, Universidad de Salamanca, 2020, p. 116.

[34] *Ibid.*, p. 140.

impunidad ante este tipo de delitos no era total, ya que se dotó a la sociedad de los mecanismos suficientes para ejercitar demandas en contra de quien ejerciera la violencia, de tal forma que quien los cometiera sería, lo más probable, encausado en un proceso judicial.

En el siglo XVII, la literatura del momento, de corte marcadamente influido por el Renacimiento, recrudeció la misoginia más extrema[35]. La prevalencia del honor y la reputación social dará lugar a textos que vanaglorien a las doncellas recluidas en sus hogares, respetuosas con las normas y en las que debía prevalecer el linaje y la buena cuna[36], frente a cualquier comportamiento que se opusiera a esa reglamentación social no escrita. La situación de inferioridad de las mujeres era consustancial al mantenimiento del orden social prevalente, concepto considerado básico y primordial en la época, por el alto grado de conflictividad y violencia.

No será hasta el siglo XVIII cuando la percepción comience a cambiar y autores como Benito Jerónimo Feijoo, en su *Teatro crítico universal* realice una «Defensa de las mujeres» en contra de la visión de siglos anteriores. Aunque con un fuerte componente católico en su pensamiento, se comienza a defender la necesidad de la educación de la mujer, su capacidad de raciocinio y discernimiento y la igualdad del hombre y la mujer. En lo que atañe a este estudio, esto influye notablemente en el ya comentado derecho de corrección, que tiende a desaparecer bajo la igualdad. A la vez, en el tono de todo su *Discurso,* muestra cómo la mujer se siente menos atraída por un marido que «la señoreaba como tirano dueño», que por otro perfil masculino[37].

Pedro Salsas y Trillas, sacerdote catalán, publicará su *Catecismo* en 1757, que recoge la prevalencia del hombre sobre la mujer, aunque a la vez contiene una dura crítica hacia las mujeres holgazanas y necias, pero también hacia los maridos violentos y furiosos, y se declara enemigo del uso de la violencia en el ámbito doméstico.

Posteriores obras de esa centuria, como *El sí de las niñas, La mojigata* o *El viejo y la niña* (todas de Leandro Fernández de Moratín) incidirán en la necesidad de la igualdad en el matrimonio. Sin embargo, las viejas costumbres

---

[35] P. E. Lorenzo Cadarso, «Los malos tratos a las mujeres en Castilla en el siglo XVII», *Brocar, Cuadernos de Investigación Histórica,* 15, 1989, p. 119.

[36] Así se percibe del incremento de obras en las que la honra y la defensa de esta son la fuente de los conflictos principales, sobre todo en teatro, y, de la misma manera, el pícaro estaba relacionado con la figura del adulterio. *Ibid.,* p. 122.

[37] A. Garriga Espino, «Defensa de las mujeres: el conformismo obligado de Feijoo en la España del siglo XVIII», https://www.um.es/tonosdigital/znum22/secciones/tritonos-2-garriga_defensa_de_mujeres.htm

perdurarán, y la violencia contra la mujer en el ámbito del matrimonio seguirá siendo algo relativamente habitual. El cambio promovido con el avance del siglo XVIII, sobre todo en la segunda mitad de este, se percibe en la evolución de los libros de moral y de los catecismos, que comienzan a empatizar con las mujeres y a disuadir a los esposos de llegar a las manos. Las referencias al afecto marital estarán cada vez más presentes y el rechazo a la violencia será más claro. El divorcio, eso sí, entendido como separación, aunque fuere temporal, solo se justificaba en los casos extremos y si la justicia eclesiástica así lo determinaba[38].

Fue, precisamente, a finales de este siglo XVIII y en plena Ilustración cuando dos mujeres, Josefa Amar de Borbón en el *Discurso sobre la educación* de 1790 e Inés Joyes en la *Apología de las mujeres* de 1798, comenzaron a abogar por desautorizar las críticas y teorías que hacían a las esposas culpables de los males del matrimonio. Aunque recomendaban dominar las pasiones y obedecer al marido, como solución práctica, insistieron en que ningún elemento natural justificaba la sumisión femenina ante el esposo ni el poder ilimitado de este sobre la mujer[39].

Como puede verse, en el siglo XVIII, el segundo y último de la presente investigación, la violencia contra las mujeres aún estaba justificada y el mantenimiento de la paz conyugal y la inviolabilidad del matrimonio son, precisamente, las bases morales y doctrinales que influirán en las sentencias analizadas en las siguientes páginas y nos ayudarán a comprender el marco legal y social en el que se dictaban.

---

[38] M. L. Candau Chacón, «El fracaso de la unión conyugal…», *op. cit.*, p. 224.
[39] M. Bolufer, *Mujeres e Ilustración: la construcción de la feminidad en la España del siglo XVIII*, Valencia, Institució Alfons el Magnánim-Diputación Provincial, 1998, pp. 259-295.

ESTUDIOS SOBRE LA VIOLENCIA
CONTRA LAS MUJERES EN LA EDAD MODERNA

4

La investigación sobre la mujer y su situación en la Edad Moderna es un ámbito en el que en los últimos años se ha profundizado notablemente y en la que destacan abundantes buenos estudios y manuales que, ya sea desde ámbitos de divulgación, científicos o profesionales, han permitido acercar al público una realidad social desconocida hasta hace relativamente pocos años.

A partir de los años noventa del pasado siglo xx[40], la historia social contribuyó a este nuevo desarrollo temático y a partir de ese momento, los estudios sobre la vida y la situación femenina comenzaron a prodigarse. Dada la abundancia de estudios de todo tipo en los últimos años podría parecer que existe una moda en torno a la perspectiva de género, porque encontramos una extensa bibliografía que, en muchas ocasiones, se hace eco de los mismos temas de forma repetitiva.

Es complicado citar una bibliografía completa sobre los estudios relativos a la mujer en la Edad Moderna, ya que son muy numerosos y múltiples, de diversa longitud (desde breves artículos a extensos manuales) y abarcan desde la historia a nivel nacional, hasta ámbitos más reducidos a nivel autonómico, regional e incluso local (limitándose a veces a una determinada población) y esferas sumamente diversas como el honor, la vida doméstica y, por supuesto, el matrimonio y las relaciones familiares[41].

---

[40] El nacimiento del término «violencia de género» se debe a la IV Conferencia Internacional de las Mujeres de Beijing, celebrada en 1995, y en España se emplea desde la LO 1/2004 de 28 de diciembre, para definir la violencia ejercida contra las mujeres, y poco a poco, va englobando unas características determinadas que limitan la definición y aplicación de esta expresión.

[41] En este sentido mencionamos los diversos estudios de: B. S. Anderson y J. P. Zinsser, *Historia de las mujeres…*, *op. cit.* o M. Reyes-García Hurtado (ed.), *El siglo XVIII en femenino: las mujeres en el Siglo de las Luces,* Madrid, Síntesis, 2016, por citar algunos ejemplos de la propia bibliografía usada en el presente trabajo; R. Iziz y A. Iziz, *Historia de las mujeres en Euskal Herría,* Tafalla, Txalaparta, 2016; M.ª Candau Chacón (ed.), *Las mujeres y el honor en la Europa Moderna,* Huelva, Universidad de Huelva, 2014; J. M. Bartolomé, M. García Fernández y M.ª A. Sobaler Seco, *Modelos culturales en femenino. Siglos XVI-XVIII,* Madrid, Sílex, 2019.

Si nos ceñimos a la temática del presente estudio, la violencia contra las mujeres en los siglos XVII y XVIII, una cantidad nada desdeñable de investigaciones han demostrado que la violencia contra las mujeres fue un problema social que estuvo presente en la época moderna. Una visión general del tema la encontramos en trabajos pioneros como los de Antonio Gil Ambrona[42], Juncal Campo Guinea[43], Teresa M.ª Ortega López[44], M.ª Victoria López Cordón[45], M.ª Luisa Candau[46] y Margarita Torremocha[47]. Es especialmente destacable el trabajo de estas dos últimas historiadoras en el ámbito de los estudios de la mujer, así como la visión sobre la ayuda de vecinos, amigos y familiares a la mujer maltratada que aporta Ana Morte Acín[48].

Los estudios realizados sobre la violencia de género en la Edad Moderna están basados en su mayoría en el estudio de las diversas sentencias que se conservan en los archivos, por ser la documentación más prolija y que aporta más datos relativos a los casos registrados, datos sociales y consecuencias jurídicas. Nos encontramos ante una gran especialización geográfica, ya sea provincial o limitada a las capitales, y la ausencia de tratados o manuales que traten el tema de forma más genérica, tanto desde una

---

[42] A. Gil Ambrona, *Historia de la violencia..., op. cit.*

[43] Entre otros: M.ª J. Campo Guinea, «Los procesos por causa matrimonial ante el Tribunal Eclesiástico de Pamplona en los siglos XVI y XVII», *Príncipe de Viana*, 55, 202, 1994, pp. 377-390; o M.ª J. Campo Guinea, *Comportamientos matrimoniales en Navarra*, Pamplona, Gobierno de Navarra, 1998.

[44] Son interesantes sus múltiples estudios sobre el campesinado español, con énfasis en la situación de la mujer, como, por ejemplo: T. M. Ortega López (ed.), *Jornaleras, campesinas y agricultoras. La historia agraria desde una perspectiva de género*, Zaragoza, Prensas Universitarias de Zaragoza, 2015; o T. M. Ortega López et al. (eds.), *Mujeres, dones, mulleres, emakumeak: estudios sobre la historia de las mujeres y del género*, Madrid, Cátedra, 2019.

[45] Historiadora que ha impulsado los estudios de género desde el Instituto de Investigaciones Feministas y la Asociación Española de Investigación de Historia de las Mujeres, con estudios tan destacables como M. V. López Cordón, *Condición femenina y razón ilustrada: Josefa Amar y Borbón*, Zaragoza, Universidad de Zaragoza, 2005.

[46] Con sus notables investigaciones sobre el honor, la religiosidad, la moralidad, la pasión, la prostitución, el noviazgo o el clero desde una perspectiva femenina. Citamos como ejemplo M.ª L. Candau Chacón (ed.), *Las mujeres y el honor..., op. cit.*; M.ª L. Candau Chacón, *Entre procesos y pleitos: hombres y mujeres ante la Justicia en la Edad Moderna*, Sevilla, Editorial Universidad de Sevilla, 2020.

[47] Especialista en el estudio de la mujer barroca, en aspectos tan dispares como la visión literaria de la misma, la vida carcelaria, la violencia ante los tribunales y un largo etcétera. Citamos como ejemplo, por su relevancia para este estudio M. Torremocha Hernández, *Mujeres, sociedad y conflicto (ss. XVI-XIX)*, Valladolid, Castilla Ediciones, 2019; M. Torremocha Hernández, *Matrimonio, estrategia y conflicto..., op. cit.*

[48] A. Morte Acín, «Que si les oían reñir o maltratar el marido a la mujer la socorriesen: familia, vecindad y violencia contra la mujer en la Edad Moderna», *Revista de Historia moderna. Anales de la Universidad de Alicante*, 30, 2012, pp. 211-227.

perspectiva procesal como penal. El criterio predominante que prevalece es el relativo a la relación entre nupcialidad y violencia, es decir, la fuerza ejercida sobre las mujeres dentro del matrimonio, por los múltiples procesos que se conservan.

Destacamos varias investigaciones genéricas sobre la violencia contra las mujeres, por su importancia para el presente estudio: Renato Barahona estudia la coacción y el consentimiento en las relaciones sexuales[49], Lucía Latorre analiza la violencia y mujer en el siglo XVIII[50], Joaquín Gris Martínez[51] y Alicia Duñaiturria Laguarda escriben sobre la violencia en general en Madrid y en Castilla en el siglo XVIII, Alfredo Martín García cuenta con diversos estudios sobre la religiosidad y la violencia y Alberto Corada Alonso investiga sobre la relación de la mujer y la justicia, por citar algunos ejemplos.

Como ya se ha mencionado, la mayoría de los estudios están delimitados en un ámbito geográfico determinado, así, podemos citar los trabajos de Juan Luis Arjona (Córdoba), Alonso Manuel Macías (Sevilla), Marta Sanz Sastre (Sevilla y Andalucía en general), Arturo Jesús Morgado (Cádiz), Rosa Espín, Tomás Arturo Mantecón y Pedro Luis Luenzo (Castilla), Ramón Sánchez González (Madrid), Iker Echevarría Ayllón, Renato Barahona, M.ª Rosario Roquero y Nere Jone Intxaustegui (País Vasco), Joan Antoni Padrós (Cataluña), Ana Morte (Alicante) o Manuel Lobo (Canarias).

En el ámbito de Latinoamérica destacaremos los trabajos realizados por Mabel López, Selina Gutiérrez, Ana María Presta. Esperanza Mó Romero, Lourdes Sonohano o María Isteny Franco Moreno, por citar algunos ejemplos[52].

La bibliografía disponible sobre el estudio de la legislación aplicable al matrimonio y la nupcialidad en general, en la Navarra en el siglo XVIII, así como la violencia dentro y fuera de él, está liderada por los estudios del profesor Roldán Jimeno Aranguren y María del Juncal del Campo Guinea.

---

[49] R. Barahona Arévalo, «Coacción y consentimiento en las relaciones sexuales modernas, siglo XVI a XVIII», en *Mujer, marginación y violencia entre la Edad Media y los tiempos modernos*, R. Córdoba de la Llave (coord.), Universidad de Córdoba, 2006, pp. 257-278.

[50] L. Latorre Cano, «Violencia y mujer en el siglo XVIII», en *La Ilustración en el centenario de la muerte de Pablo Olavide*, Fundación UNED, 2005, Madrid, pp. 135-154.

[51] J. Gris Martínez, «Gentes ociosas y mal entretenidas. Factores de riesgo del maltrato o violencia de género en el siglo XVIII», *Alberca: Revista de la Asociación de Amigos del Museo Arqueológico de Lorca*, 6, 2008, pp. 179-200.

[52] Ver en bibliografía relación de los trabajos de los autores mencionados, a modo ejemplificativo para conocer las investigaciones realizadas sobre la violencia de género.

Roldán Jimeno Aranguren es profesor titular de Historia del Derecho de la Universidad Pública de Navarra, licenciado en Derecho por la Universidad Nacional de Educación a Distancia, licenciado con Premio Extraordinario y Tercer Premio Nacional Fin de Carrera en Historia por la Universidad de Navarra, doctor en Historia por la misma universidad, doctor en Filosofía y Ciencias de la Educación por la Universidad del País Vasco y doctor en Derecho por la Universidad de Deusto. Sus estudios están centrados en las dos áreas de la que es profesional, el Derecho y la Historia, siendo precisos en ambos ámbitos, sin alejarse por ello de la vertiente social de la historia y ligándolos a la sociedad del momento. En el estudio de la institución civil del matrimonio destaca su obra «Matrimonio y otras uniones afines del derecho histórico navarro (siglos VIII-XVIII)»[53] que, a pesar de que abarca más siglos de aquel al que se refiere esta investigación, aporta una visión jurídica completa e interesante desde todos los ámbitos.

Por su parte, María del Juncal Campo Guinea es doctora en Historia por la Universidad Pública de Navarra y actualmente técnica del Archivo Diocesano de Pamplona, autora de numerosos estudios en torno a la Edad Moderna en Navarra, muchos de ellos relativos a la judicialización de la nupcialidad, tanto en el entorno procesal civil como en el eclesiástico, donde analiza minuciosamente multitud de expedientes judiciales. Su artículo «Mujer y violencia conyugal en Navarra (siglos XVI-XVII)» recoge una amplia investigación que aporta un primer estudio y conclusiones sobre nuestro tema de referencia[54].

Fuera de estas publicaciones y artículos, cobran importancia los relativos al análisis del Fuero Viejo y del Fuero Nuevo, y compilaciones jurídicas, para conocer el marco legislativo aplicable en el derecho civil de familia y la violencia contra las mujeres (junto con todo tipo de delitos) aunque, en su mayoría, estos estudios se centran más en derecho de sucesiones y las instituciones que han llegado hasta nuestros días que en el marco jurídico de protección a la mujer.

El estudio debe centrarse directamente en el análisis del Fuero Viejo y del Fuero Nuevo, y la Novísima Recopilación, entresacando aquellas leyes que se centran en la institución del matrimonio. Asimismo, por su relevancia

---

[53] R. Jimeno Aranguren, *Matrimonio y otras uniones...*, *op. cit.*
[54] M. V. López Cordón y M. Carbonell Eteller (ed.), *Historia de la mujer e historia del matrimonio. historia de la familia Una nueva perspectiva sobre la sociedad europea*, Universidad de Murcia, 1997, pp. 99-109.

en la época histórica objeto de estudio, es necesario analizar la legislación tridentina y el *Decreto Tametsi*, que, nacido del Concilio de Trento, es el decreto canónico que reguló durante largo tiempo las normas y el derecho relativo al matrimonio, hasta la publicación del Código de Derecho Canónico (1911), y constituye el primero de los diez capítulos del decreto *De reformatione matrimonii*.

El artículo de Luis del Campo «Violación, rapto y adulterio en el Fuero General de Navarra»[55] supone una aproximación a cómo se tratan jurídicamente las situaciones descritas en su título. Aunque la mayor parte de los casos de pleitos por incumplimiento de la promesa de matrimonio están basados en el delito de estupro, el estupro no es considerado una violación en sí, ya que existe un consentimiento a la relación sexual aunque este consentimiento pudiera considerarse viciado, y no está afectado directa ni indirectamente por situaciones de rapto, o adulterios, que pueden darse o no conjuntamente. Asimismo, el tratamiento que hace Carlos Maiza Ozcoidi en su artículo «Injuria, honor y comunidad en la sociedad navarra de siglo XVIII»[56], nos aporta el complemento perfecto en cuanto a la visión y repercusión social que las situaciones de deshonor podían provocar en la vida civil de una mujer en este periodo, aspecto tanto o más importante que los jurídicos y económicos en torno al estudio de la nupcialidad y las consecuencias del incumplimiento de una promesa matrimonial.

Debemos destacar, por su cercanía con la presente investigación, el texto de Ángeles Gamboa Baztán, en su exposición sobre «Los procesos criminales sobre causas de estupro ante la Corte y el Consejo Real de Navarra (1750-1799): Aproximación a la sociedad navarra de la segunda mitad del siglo XVIII»[57] en el Primer Congreso General de Historia de Navarra celebrado en 1988. Presentó una comunicación más basada en los aspectos demográficos (edad, estatus social, procedencia geográfica, etc.) que en los jurídicos, abarcando la segunda mitad del siglo XVIII únicamente, pero supone una buena base y enfoque de trabajo.

---

[55] L. Campo Jesús, «Violación, rapto y adulterio en el Fuero General de Navarra», *Cuadernos de Etnología y Etnografía de Navarra*, 45, 1985, pp. 17-36.
[56] C. Maiza Ozcoidi, «Injuria, honor y comunidad en la sociedad navarra del siglo XVIII», *Príncipe de Viana*, 197, 1992, pp. 685-695.
[57] Á. Gamboa Baztán, «Los procesos criminales sobre causas de estupro ante la Corte y el Consejo Real de Navarra (1750-1799): aproximación a la sociedad navarra de la segunda mitad del siglo XVIII», en *Primer Congreso General de Historia de Navarra*, 1988, Pamplona, pp. 111-119.

Otro aspecto relevante nos aporta Pedro Oliver Olmo en su tesis doctoral del año 2000, titulada *La cárcel y el control del delito en Navarra entre el Antiguo Régimen y el Estado Liberal*[58]. Se centra más en la situación de cumplimiento de las penas carcelarias y en los delitos que las originan, se aleja del proceso judicial en sí mismo, y se refiere de forma genérica a todos los tipos de delitos que ocasionaban penas de cárcel, ampliando el marco temporal del siglo XVII al siglo XIX.

No existen para este periodo histórico en Navarra estudios exhaustivos relativos a la violencia contra las mujeres ni a su judicialización, ni a sus consecuencias penales y sociales, sobre los que basar trabajos más detallados o mejorados; el artículo más representativo es el ya citado de Juncal Campo Guinea. Asimismo, tampoco se encuentran en las bibliografías, monografías, publicaciones, trabajos, revistas, tesis doctorales, etc., obras que traten estos aspectos completamente, por lo que es necesario ir rescatando de unas y de otras las partes que pueden tener valor en esta investigación para formularla de forma coherente e inteligible.

---

[58] P. Oliver Olmo, «La cárcel y el control del delito en Navarra entre el Antiguo Régimen y el Estado Liberal», tesis doctoral, UPV-EHU, 2000.

LOS PROCESOS DE VIOLENCIA CONTRA LAS MUJERES EN EL ARCHIVO DIOCESANO DE PAMPLONA, SIGLOS XVII-XVIII: ESTRUCTURA DE LOS PROCESOS, CLASIFICACIÓN Y TIPOLOGÍA

5

5.1. LOS PROCESOS DE VIOLENCIA CONTRA LAS MUJERES CATALOGADOS EN EL ARCHIVO DIOCESANO DE PAMPLONA

Vamos ya a adentrarnos en los interesantísimos procesos judiciales que se custodian en el Archivo Diocesano de Pamplona y que tanta luz nos arrojan sobre las agresiones y malos tratos contra las mujeres en el Antiguo Régimen en Navarra. La elección de las fuentes primarias ha venido determinada por su especial relevancia en cuanto a su capacidad para explicar las diversas circunstancias del universo de la violencia contra las mujeres en la época estudiada. Por la gran cantidad y variedad de los procesos judiciales custodiados, el Archivo Diocesano de Pamplona proporciona numerosos expedientes catalogados que nos permiten sacar conclusiones relevantes en torno al objeto de estudio, posibilitando investigar en detalle y con veracidad la diferente casuística con la que nos encontramos en la tiempo que nos ocupa, no ya las relativas a la violencia ejercida dentro del matrimonio, sino también acercándonos a diferentes formas de agresiones físicas o de palabra contra las mujeres en el ámbito extraconyugal.

Como se ha mencionado anteriormente, existen numerosos procedimientos judiciales en el Archivo General de Navarra que también proporcionan datos que pueden aportar interesantes hallazgos a nuestra investigación, pero, dado que la violencia se ejerce en muchas ocasiones dentro del ámbito matrimonial y este se encuentra dentro de la jurisdicción eclesiástica, el Archivo Diocesano de Pamplona nos puede suministrar muchísima más información relevante.

El Archivo Diocesano de Pamplona presenta catalogados un total de 83 371 procesos, sin contar los 17 372 expedientes de órdenes y los 6 813 procesos de carácter apostólico sobre impedimentos matrimoniales. La organización de los catálogos se presenta en cuarenta y dos volúmenes que abarcan desde el siglo XVI al XIX, manteniendo el orden en el que se han conservado los procesos judiciales, por los secretarios judiciales que los redactaron. La publicación de estos volúmenes se realizó por el propio Archivo Diocesano de Pamplona y Gobierno de Navarra. La autoría corresponde a José Luis Sales Tirapu, Isidoro Ursúa Irigoyen, Antonio Prada Santamaría y Teresa Alzugaray Los Arcos, todos ellos archiveros del Archivo Diocesano de Pamplona[59]. Cada proceso, numerado e identificado con su número de expediente, se encuentra acompañado de una breve explicación sobre el contenido de este y extensión en número de folios, asimismo, están fechados y localizados geográficamente. Al final de cada volumen se muestran varios índices por materias, toponímicos y onomásticos que facilitan la búsqueda al investigador, entre tantísima cantidad de procesos judiciales, sobre cuáles pueden ser más de su interés a la hora de avanzar en sus estudios.

Las temáticas son diversas: constituciones de patrimonio, herencias, cofradías, procesos relativos a obras en el patrimonio eclesial, pagos de diezmos, beneficios y capellanías vacantes, sepulturas, todo tipo de asuntos

Gráfico 1: Distribución de casos por categorías del índice de materias de los catálogos del Archivo Diocesano de Pamplona

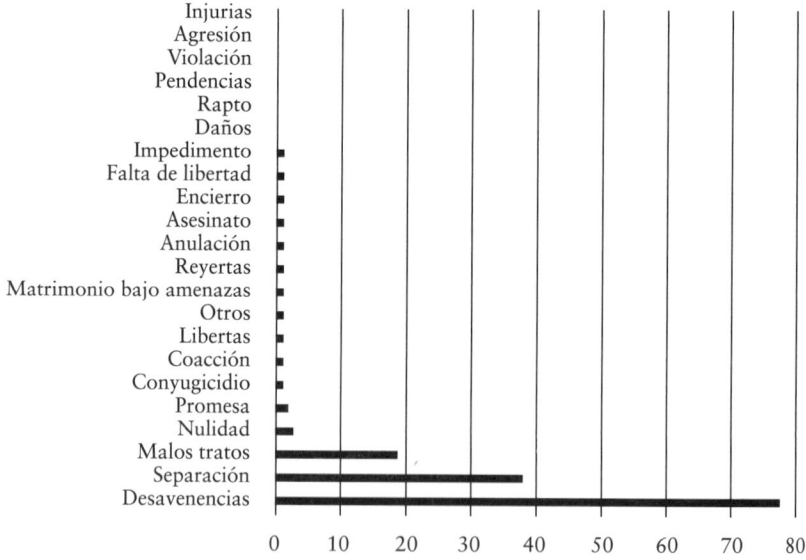

Fuente: Elaboración propia.

---

[59] Ver fuentes documentales.

Tipificación de los casos de violencia contra las mujeres en el siglo XVIII

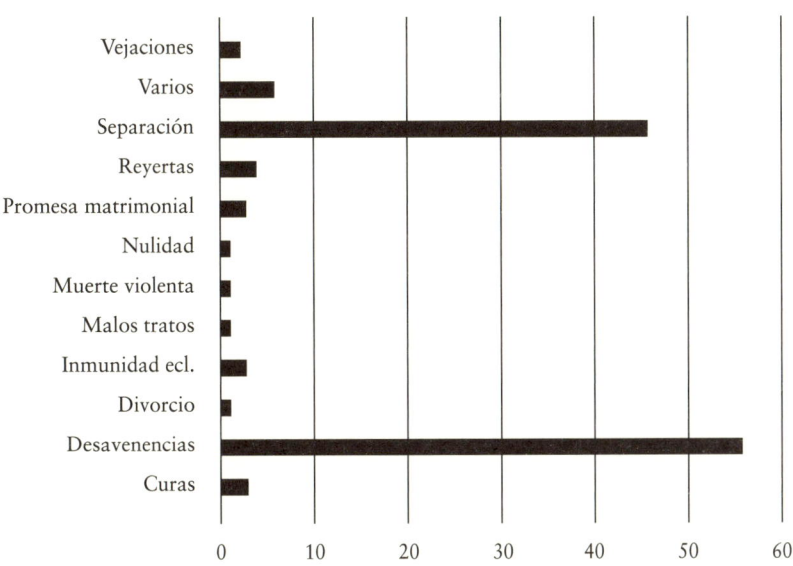

Fuente: Elaboración propia.

relativos a los religiosos, ermitas y conventos y un largo etcétera. Muy abundantes son los procesos relativos al matrimonio y, dentro de ellos, los que juzgan incumplimientos de promesas matrimoniales, impedimentos, desavenencias, exploraciones de la libertad para contraer matrimonio, dotes, o separaciones y divorcios.

De este largo y completísimo catálogo, los volúmenes correspondientes a los siglos XVII y XVIII abarcan del 3 al 41[60], recopilan un total de 59 041 procesos, que son en los que está basado este trabajo, es decir, un 54,89 % del total de casos. Es necesario indicar en este punto que la diócesis de Pamplona controlaba no solo el territorio navarro, sino también parte de lo que hoy consideramos la provincia de Guipúzcoa y algunas pequeñas zonas de La Rioja y Aragón. En el siglo XVIII, Pamplona perdió la zona de Valdonsella que pasó a la diócesis de Jaca y en el siglo XIX perdió igualmente la parte de Guipúzcoa para constituir la diócesis de Vitoria. El 27 de marzo de 1783 el papa Pío VI erigió la diócesis de Tudela, dependiente de la archidiócesis de

---

[60] Excluyendo el volumen n.º 30 que trata sobre planes beneficiales de las parroquias.

Burgos[61]. Es por esto por lo que esta investigación se centra no únicamente en el territorio navarro, sino en el de la diócesis de Pamplona en la época.

Tal y como se ha comentado en la introducción del presente estudio, es dentro del matrimonio donde se dan gran parte de los casos de violencia contra las mujeres, por diversas razones ya mencionadas (la casi obligatoriedad de la mujer de vivir casada o la justificación del derecho de corrección del marido sobre su esposa). Así, y dado que abundan los casos de procesos relativos a causas matrimoniales en el Archivo Diocesano de Pamplona, veremos que en los siglos XVII-XVIII nos encontramos con 4 820 casos, es decir, un 8,16 % de los procesos de esos siglos.

De todos estos casos analizados, se han encontrado evidencias de violencia contra las mujeres en 326 expedientes: 198 procesos corresponden al siglo XVII y 128 al siglo XVIII, con una distribución homogénea a lo largo de los años, no todos relativos a violencia dentro del matrimonio, sino que hay diversos casos en los que las agresiones se suceden en el ámbito extramatrimonial, que serán analizados más adelante. Son ciertamente destacables aquellos en los que el agresor es religioso o clérigo, por su relevancia social en la época y por la escasez de estudios que existen sobre este tipo de violencia[62]. En esta categoría se encajan cincuenta y cuatro pleitos (cuarenta y dos correspondientes al siglo XVII y doce del siglo XVIII).

Es preciso indicar en este momento que los casos se han seleccionado teniendo en cuenta referencias directas y menciones precisas a violencia de carácter físico. Puede darse la situación de que existan otros expedientes en los que no se menciona de forma taxativa esos comportamientos de maltrato, pero puedan intuirse por los hechos y testimonios descritos tanto en la demanda como en las argumentaciones de la defensa. Se ha intentado objetivar el estudio hacia procesos judiciales en los que estas agresiones cometidas contra las mujeres aparecen mencionadas de la forma más clara posible, sin poder quedar a expensas de interpretaciones subjetivas. El maltrato psicológico, mucho más difícil de comprobar, ya que la documentación judicial se basa en sancionar los delitos probados, es de casi imposible contrastación empírica con los medios de la época. Pero su ausencia documental no

---

[61] Desde 1984 ambas diócesis están unidas, por la bula *Supremam exercentes* del papa Juan Pablo II, bajo un mismo pastor, que sería conjuntamente arzobispo de Pamplona y obispo de Tudela.

[62] Como se ha visto en el capítulo dedicado a los estudios sobre la violencia de las mujeres en el Antiguo Régimen, la mayoría de las investigaciones se centran en ámbitos geográficos muy concretos y abarcan sobre todo la violencia intramatrimonial, es decir, la dada entre los cónyuges dentro del matrimonio.

significa que no existiera y que las mujeres fueran conscientes de él; al contrario, la sociedad patriarcal, al albergar un sistema de férrea organización social familiar, tan firme, impedía que la parte más débil de la cadena pudiera siquiera visualizar su situación y los tratadistas y moralistas de la época preconizaban todo tipo de violencias para atajar las conductas desobedientes[63].

Los términos más comúnmente empleados en la documentación analizada hacen referencia directamente a malos tratos o tratamientos, violencias, sevicias, amenazas, vejaciones, crueldades, ofensas y sufrimientos o a *tratos con aspereza* en modo más genérico (expresión que da título a la presente investigación). Son estas referencias las que han guiado la elección de los casos catalogados, además, lógicamente, de aquellos en cuya descripción se indica de forma clara y directa que se ha ejercido la violencia, como en el proceso sobre la demanda del fiscal contra Juan de Acedo, beneficiado de la parroquial de Acedo, «el cual agredió con un palo a Marta Martínez, dándole repetidos golpes en la cabeza de los que resultó efusión de sangre»[64]. Merece la pena destacar en este punto la casi total ausencia del abuso sexual y violaciones, que quedan limitados a los casos de estupro en los incumplimientos de promesa matrimonial, pero en los que la negación del consentimiento de la mujer ante la relación sexual no queda debidamente indicada, haciéndose referencia a que se avenía ante la palabra de matrimonio; o bien a referencias aún más genéricas que hacen imposible dilucidar la clase de violencia ejercida. Es necesario recordar que, dentro de los deberes del matrimonio que la mujer debía cumplir, se encontraba el llamado débito conyugal, que estaba obligada a consentir.

El estado de conservación de estos procesos es diverso. Algunos resultan de lectura fácil y buena calidad, mientras otros se conservan más deteriorados, con páginas ilegibles o muy incompletos. En cuanto a su longitud, los expedientes analizados muestran una media de cuarenta páginas, pero esta cifra resulta poco relevante, ya que muchos apenas llegan a los veinte folios, y sin embargo hay otros de gran tamaño. Los más extensos ocupan más de trescientos folios: como el que recoge el caso de Dña. María Josepha Virto y Alduy contra su marido D. Lucas Remírez de Ripa, vecino de Luquin, de 357 páginas[65]. La demandante pide la separación matrimonial de su marido a causa de las sevicias y crueldades de este, que la obligaron a retirarse a

---

[63] M. Ortega López, «Violencia familiar en...», *op. cit.*, p. 19.
[64] ADP, Sección Procesos Judiciales, C/1344, n.º 7 de 1694.
[65] ADP, Sección Procesos Judiciales, C/2282, n.º 12 de 1772.

casa de sus padres en Berbinzana. Dña. María Josepha pide también que su marido le entregue los vestidos y joyas de ella, que quedaron en poder del marido, así como la asignación de alimentos y *litis expensas*. Otro muy extenso, de 374 páginas, es el referente a la demanda de Teresa Martina de Larumbe, natural de Irurzun y vecina por casamiento de Arazuri, contra su marido Juan Ramón García de Arazuri, solicitando el divorcio y separación matrimonial del mismo a causa de los malos tratos, amenazas e injurias que Juan Ramón le proporciona continuamente[66]. Estos largos procesos, que suelen contener demandas complementarias ante tribunales reales o similares, o bien documentación anexa, como en el caso del mencionado de Dña. María Josepha Virto[67], que presenta contratos matrimoniales, inventario de bienes raíces, pleitos ante el Real Consejo, razón de los bienes, gastos y obligaciones de la casa de Luquin, inventario de vestidos y cartas autógrafas, son más comunes en el siglo XVIII que en el precedente. Es por esta diversa longitud de los expedientes que en ocasiones la información que aportan para el investigador sea casi irrelevante, o bien, pueda emplearse en multitud de ámbitos y no solo para el estudio de la violencia contra las mujeres en sí.

En cuanto a la relevancia de los documentos, interviene ciertamente la figura del secretario judicial, que consigna, redacta y completa el proceso. Así, en los expedientes estudiados encontramos gran diversidad. En el periodo analizado aparecen procesos de los secretarios Huarte, Garro, Marichalar, Mazo, Oteiza, Soto y Trevino en el siglo XVII; y Almándoz, Errazu, Irisarri, Moreno, Navarro, Villanueva, Villar y Villava en el siglo XVIII. Algunos, como Echalecu, Lanz y Ollo, intervendrán en ambos siglos. El estudio de los procesos según las diversas redacciones de los secretarios es algo que excede el ámbito de la presente investigación, pero que, sin embargo, aporta notables diferencias entre unos y otros, a pesar de los rasgos comunes, en cuanto a detalle de lo conservado y estilos de redacción.

A pesar de lo indicado sobre el ámbito geográfico que abarca en la época la diócesis de Pamplona, la mayor parte de los procesos se circunscriben a Navarra, con lo que las conclusiones del presente estudio pueden ser perfectamente extrapolables a la sociedad navarra del Antiguo Régimen, aunque, por el escaso número de los expedientes judiciales de los que disponemos de las provincias de Guipúzcoa, La Rioja o Aragón, es más complicado que reflejen una situación fiel y real de la violencia contra las mujeres en estos territorios.

---

[66] ADP, Sección Procesos Judiciales, C/2556, n.º 1 de 1778.
[67] ADP, Sección Procesos Judiciales, C/2282, n.º 12 de 1772.

La distribución concreta por provincias de esos 326 expedientes responde a los siguientes esquemas gráficos, donde se ve que casi el 80 % de los expedientes se refieren a causas navarras. Los motivos de esto pueden ser muy dispares, pero es necesario tener en cuenta que, a pesar de la gran cantidad de procesos conservados, los que nos han llegado a nuestros días no son, ni con mucho, el total de las causas juzgadas en la época. Puede ser que no se hayan conservado de otras provincias en cantidad igual, o que se trasladaran al reorganizarse los territorios de la diócesis; en todo caso, siguen suponiendo una fuente de conocimiento extraordinaria. Se ha comprobado también que la violencia familiar es prácticamente una constante en el modo de vida en la Edad Moderna, si bien en Navarra se denunciaba quizá con más facilidad que en otros territorios de la monarquía, y esto puede deberse a la protección ofrecida por el Fuero a todo natural navarro, con independencia de su condición social o económica[68].

En los siguientes gráficos se observa claramente esta distribución por provincias, destacando ampliamente la representatividad de los procesos navarros en el total de los expedientes judiciales de violencia contra las mujeres:

Gráfico 2: Distribución por provincias de los procesos del siglo XVII

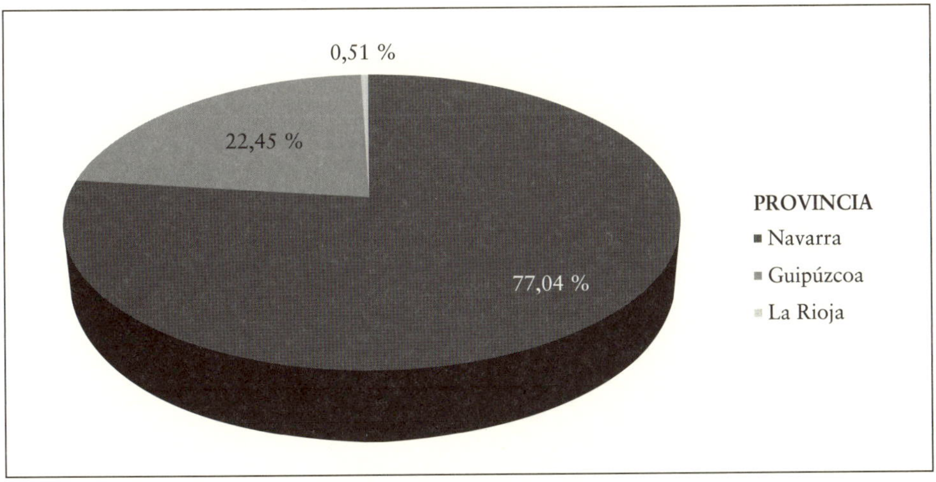

Fuente: Elaboración propia.

---

[68] R. García Bourrellier, «El utillaje de la ira: las armas del maltratador en los siglos XVI y XVII», *Memoria y Civilización*, 16, 2013, p. 134.

Gráfico 3: Distribución por provincias de los procesos del siglo XVIII

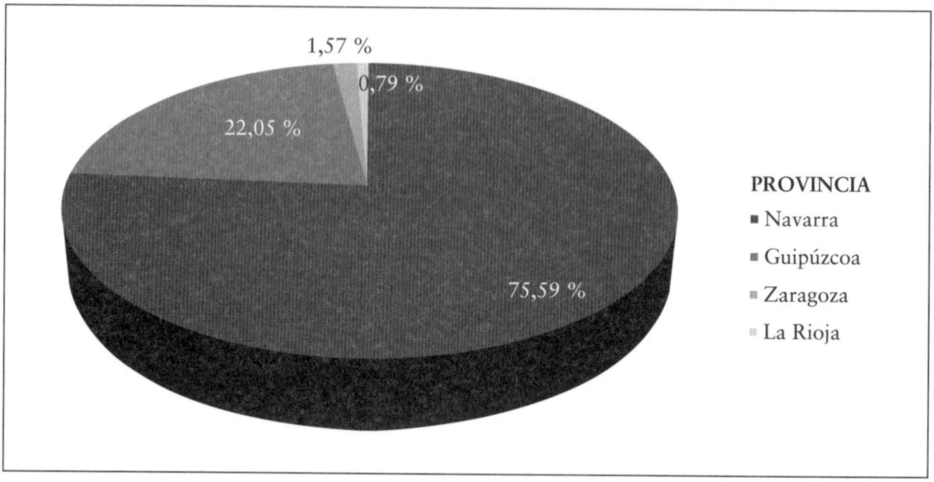

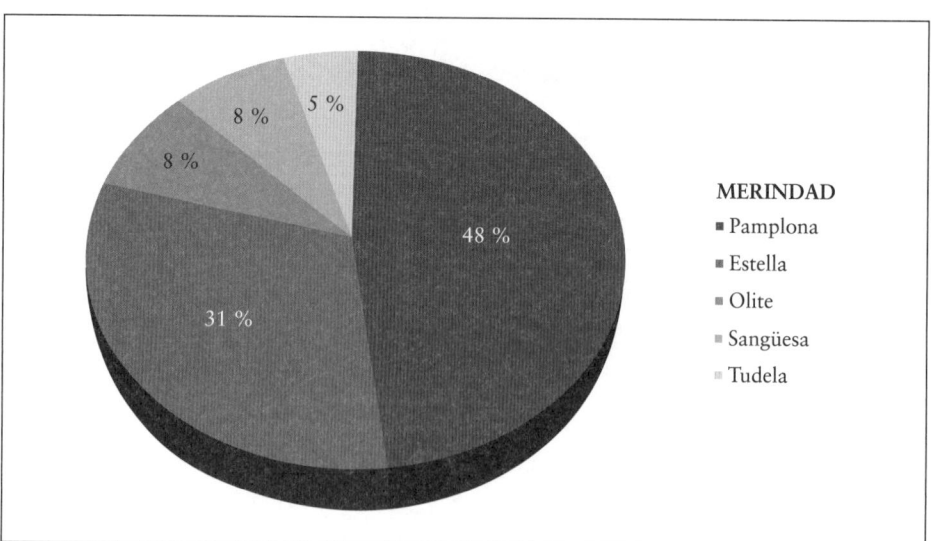

Fuente: Elaboración propia.

Y ahondando más en los datos, podemos ver cómo en ambos siglos la mayoría de los procesos proceden de la merindad de Pamplona, lo que tiene su lógica ya que concentraba la mayor parte de la población en la época y era donde se encontraba la capital y la sede del Tribunal Diocesano. Le

Gráfico 4: Distribución por merindades navarras en los procesos del siglo XVII

Fuente: Elaboración propia.

Gráfico 5: Distribución por merindades navarras procesos siglo XVIII

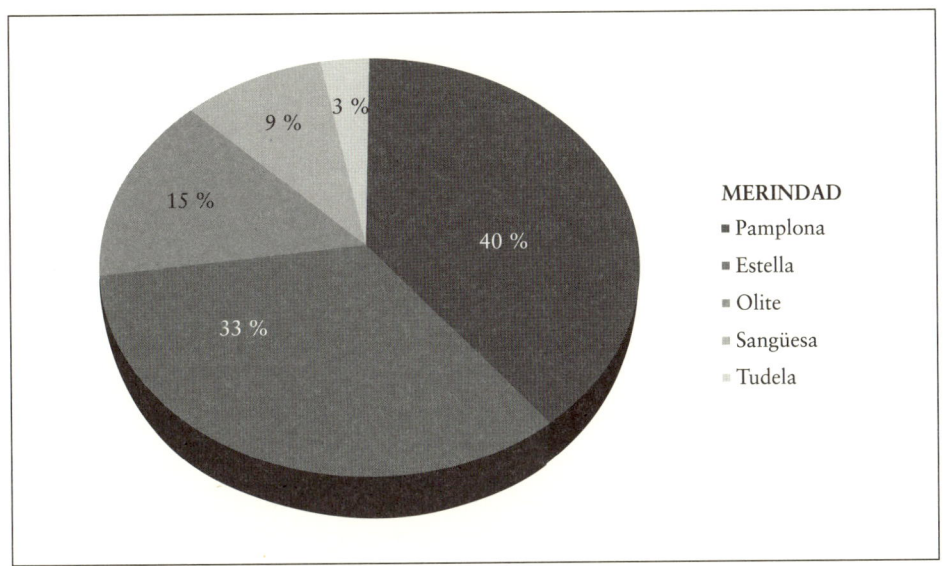

Fuente: Elaboración propia.

siguen en importancia en cuanto a número de procesos iniciados la merindad de Estella, y en un porcentaje mínimo las otras tres merindades que configuran la organización administrativa de Navarra: Olite, Sangüesa y Tudela. Es destacable cómo los datos se mantienen muy similares en ambos siglos, sin que los cambios políticos ni sociales asociados a la nueva centuria del 1700, una vez instaurada la dinastía borbónica, afecten al número de procesos de violencia contra las mujeres incoados en el Tribunal Diocesano.

5.2. LA ESTRUCTURA DE LOS PROCESOS DE VIOLENCIA CONTRA LAS MUJERES

Ahondando en la estructura de los procesos, se puede indicar que es muy similar en todos los analizados, de tal forma que se pueden sacar varias conclusiones en cuanto a lo procesal como características comunes a todos ellos. Nos centramos en este momento en los procesos intramatrimoniales, es decir, aquellos en los que la agresión se ha dado dentro del matrimonio, los más numerosos y habituales, para poder extraer las particularidades de estos pleitos. Los conflictos extramatrimoniales, menos comunes y de tipología más diversa, presentan menos puntos en común y conclusiones generalistas que pudieran ser erróneas por falta de una gran base de estudio.

5.2.1. Inicio del proceso

Los procesos se abren con el escrito de demanda, dirigido al obispado de Pamplona, y no directamente al Tribunal Eclesiástico, para que juzgue y atienda la causa. Los demandantes suelen ser bien la esposa, que solicita la separación o divorcio a causa de los malos tratos padecidos (como Ana de Zizur que en 1703 solicita el divorcio a su marido, indicando que él se comporta «tratándole muy mal de palabra, y portándose con ella con suma aspereza y cada día se ha ido aumentando el mal trato con amenazas de que la iba a matar»)[69]; bien el esposo, que alega, por ejemplo, que su esposa se ha marchado de casa y desea que vuelva a ella (como en 1639 Martín de Urdalleta, contra su esposa María de Labaca, vecina de Goyaz, que dice que habiéndose casado estos *in facie eclesiae*, ella no ha querido cohabitar ni hacer vida maridable con su esposo)[70]; o bien el fiscal cuando tiene conocimiento de que el matrimonio no hace vida maridable y decide interponer la demanda para obligarles a vivir juntos (como en el caso de 1633 contra Domingo Martínez y su mujer, Angela López de Paredes, vecinos de Azagra, los cuales viven separados y sin hacer vida maridable, ya que la mujer ha huido a Estella, donde vive desde entonces)[71].

Así, en el siglo XVII, el 59,59 % de los procesos de separación o divorcio son incoados por mujeres directamente, alegando malos tratos como justificación a su petición. Esto supone 118 pleitos, un número elevado que pone en relevancia la capacidad de la mujer para interponer sus reclamaciones ante un juzgado. Resultan curiosos, por su escasez, los casos en los que la demanda es iniciada por la mujer con el acompañamiento de su padre. Se desconocen los motivos para ello, ya que muchas veces les prestaban su protección en forma de refugio y de sostenimiento económico. En este siglo XVII tan solo se han localizado dos: el primero, el de la demanda interpuesta por Juan de Ubineta y su hija María, naturales de Berastegi, contra Juan de Eraso; maestro cirujano de Zabalza, marido de María, pidiendo

---

[69] ADP, Sección Procesos Judiciales, C/1205, n.º 6 de 1703.
[70] ADP, Sección Procesos Judiciales, C/367, n.º 15 de 1639.
[71] ADP, Sección Procesos Judiciales, C/546, n.º 36 de 1628.

la separación y divorcio, a causa de los malos tratos dados por el cirujano a la mujer, a la que tenía «como esclava»[72]; el segundo, cuando Joan de Aguirre y su hija Francisca, vecinos de Asteasu, se quejan criminalmente de Bartolomé de Uztaeta, diácono beneficiado de dicha villa, el cual «privó de su entereza a Francisca y sigue luego importunándola; y como el padre le mandara un día salir de su casa, Bartolomé volvió con un palo, agrediéndola»[73]. Estas escasas causas confirman, de algún modo, el apoyo paterno que podían recibir las mujeres a la hora de efectuar sus demandas ante los maltratos sufridos.

De la misma manera, hay ocasiones en los que la mujer concurre acompañada con su esposo a demandar al tribunal la separación, como sucede, por ejemplo, con Lázaro Rodríguez y su mujer Ana María de Berruezo, vecinos de Peralta, que solicitan la separación matrimonial para mayor quietud y sosiego de ellos. En el pleito se señala que Ana María es «una mujer imperfecta y no de sano juicio y se toma vino todos los días con tanto exceso que los vecinos la suelen encontrar dormida en la calle, y Lázaro es tan colérico que le da continuos golpes, con peligro de matarla»[74]. En el siglo XVII se localizan siete procesos iniciados de esta forma, aunque es necesario señalar que en la mayoría de ellos (cinco), el apoyo que presta el esposo a la mujer es frente a las agresiones cometidas por clérigos o beneficiados.

Los hombres inician como demandantes en este siglo tan solo veintiún pleitos, alegando que la mujer ha abandonado el hogar y pidiendo que regrese, como vemos que hace Francisco Íñiguez de Lafuente, vecino de Falces, contra María de Badarán y Osinalde, su mujer, la cual «de su propia autoridad ha abandonado el hogar matrimonial y se ha ausentado a Alfaro»[75]. En este tipo de procesos son las esposas las que en sus escritos de alegaciones mencionan los malos tratos de palabra o de obra para justificar su ausencia de la casa familiar, tal como hace Juana de Elgorriaga, la cual se ausentó de la vivienda de su esposo, Pedro Rodero, cabo de escuadra de la ciudadela de Pamplona, sin querer cohabitar con él. Juana alega que eso es «imposible, por los malos tratos que le ha dado y porque su marido está amancebado con otra mujer»[76].

---

72 ADP, Sección Procesos Judiciales, C/925, n.º 5 de 1681.
73 ADP, Sección Procesos Judiciales, C/1654, n.º 19 de 1644.
74 ADP, Sección Procesos Judiciales, C/1251, n.º 18 de 1688.
75 ADP, Sección Procesos Judiciales, C/399, n.º 2 de 1648.
76 ADP, Sección Procesos Judiciales, C/680, n.º 26 de 1617.

El fiscal inicia de oficio cuarenta y nueve procedimientos judiciales al tener conocimiento de que la pareja ha roto la convivencia marital o bien al conocer que algún miembro de la Iglesia ha realizado algún acto violento contra una mujer. Citaremos como ejemplos el pleito en el que el fiscal interpone demanda contra D. Lorenzo de Elío y su mujer Dña. Catalina de Oyaregui y Vértiz, los cuales se han separado por su propia autoridad y no hacen vida maridable[77]; o aquel en el que el fiscal demanda a D. Martín de León y Arbizu, beneficiado de Garínoain, ya que, estando «tres mujeres del lugar vistiendo a la Virgen del Rosario y habiendo llegado el acusado a la Iglesia, al sonreírse aquellas un poco, D. Martín les dio de palos y empellones, arrojando a dos de ellas debajo de los bancos»[78].

La situación se mantiene estable a lo largo del siglo XVIII. De los pleitos catalogados como referentes a la violencia contra la mujer se repite un tanto por cierto similar (60,15 %, setenta y siete procesos judiciales) que son incoados directamente por la mujer agredida. Observamos tan solo un expediente procesal en los que la mujer acude a los tribunales acompañada de su padre, aquel en el que Juan de Bazcardo y su hija María Josepha, vecinos de Andoáin, demandan a «Juan de Ancizu, marido de la citada María Josepha, con el cual contrajo matrimonio hace 5 años. Desde entonces, Ancizu le ha hecho objeto de muy malos tratos, injurias y amenazas, por lo que ha tenido que salir de casa de su marido, refugiándose en la de sus padres»[79]. Son únicamente dos los pleitos iniciados por la mujer acompañada por su esposo, ambos referidos a casos de agresiones por parte de miembros pertenecientes a la Iglesia.

Los esposos toman la iniciativa de acudir a los tribunales en dieciséis ocasiones, lo que supone un 12,5 % de los procesos, como hace Pedro de Eznarrínaga, vecino de Asteasu, que interpone demanda a su mujer, María Teresa de Eznarrínaga, pidiendo que se vea obligada a volver al domicilio conyugal «del que había salido sin causa alguna»[80]; o Simón Valentín de Gaínza, natural de Villafranca, que interpone demanda de separación contra su mujer, Manuela Yetano y Abaiz, alegando que «ha dado a luz a un niño que no es suyo»[81]. En estos casos, como ocurre en el siglo precedente, es la

---

[77] ADP, Sección Procesos Judiciales, C/802, n.º 14 de 1654.
[78] ADP, Sección Procesos Judiciales, C/839, n.º 16 de 1662.
[79] ADP, Sección Procesos Judiciales, C/1530, n.º 9 de 1728.
[80] ADP, Sección Procesos Judiciales, C/1496, n.º 18 de 1722.
[81] ADP, Sección Procesos Judiciales, C/311, n.º 18 de 1718.

esposa la que alega los malos tratos al contestar en sus escritos que ha sido la motivación para separarse, o en el caso de Manuela Yetano y Abaiz, la que aduce esta situación para justificar que ella no haya tratado debidamente a su esposo. Observamos una casuística especial en estas demandas, ya que, en varias de ellas, uno de los motivos por los que el hombre la interpone es la diferencia a la hora de fijar el domicilio conyugal, o bien que, habiéndose fijado ya, las influencias familiares enturbian la relación. Así lo dice Juan Bautista de Larrumbe, vecino de Icazteguieta, cuando demanda a su mujer María Magdalena de Legarra, a cuya casa había ido en matrimonio el demandante. El marido observó una conducta extraña en su mujer, atribuyéndola al influjo de la madre de ella, por lo que decidió separarse de sus suegros y volver a Icazteguieta, a lo que no accedió Magdalena. Esta pide que le concedan vivir separada de su marido, alegando los malos tratos que él le ha dado a lo largo de su vida marital[82].

El fiscal inicia en este siglo un total de treinta y dos procesos, en los que vemos las mismas motivaciones que en el siglo anterior: el conocimiento de que la pareja no cohabita o bien las agresiones producidas por miembros de la Iglesia. Así, el fiscal interpone demanda contra María Pérez, natural de Garde, la cual vive separada de su marido Joseph de Orduna, que se halla en Salvatierra. María pide la separación matrimonial «a causa de la crueldad y aspereza con que la trata su marido que varias veces la ha dado de palos y patadas»[83] o acusa a «Diego Antonio de Eraso, Francisco de Elizondo y Juan Joseph de Arroquía, tonsurados naturales de Allo y Baigorri, los cuales, una noche de septiembre, entre una y dos de la mañana, entraron en la casa de María López y su madre, María Gil, forzando las cerraduras, golpeándolas con sus espadas»[84].

En los escritos de demanda es muy habitual encontrar ciertas frases, escritas en el lenguaje jurídico de la época, como expresiones fijas, semejantes a: «como es cierto, público y notorio y dirán los testigos cuanto supieren, hubieren visto, oído o entendido en su razón», que corresponden a formulaciones comunes de los procesos de la época, y que aducen la principal prueba de carga del delito, a la vez que refrendan la posición del demandante o requieren, mediante prueba testifical, justificar sus argumentaciones y los hechos que defienden.

---

[82] ADP, Sección Procesos Judiciales, C/1428, n.º 13 de 1718.
[83] ADP, Sección Procesos Judiciales, C/1584, n.º 6 de 1741.
[84] ADP, Sección Procesos Judiciales, C/2044, n.º 24 de 1773.

Habitualmente, se continua con la contestación de los procuradores de las partes implicadas, quienes realizan sus alegaciones en defensa de lo postulado en la demanda. Así, la mujer suele alegar que ha abandonado el hogar por huir de los malos tratos a los que le somete el marido, que corre peligro su vida o que el marido ha malgastado la hacienda y su dote, por poner algunos ejemplos. Por su parte, el esposo puede justificarse indicando que las violencias de las que se le acusa no se han producido, o que han venido ocasionadas por el mal carácter de su esposa, o por sus vicios y ociosidad, como Juan de Errazquin, que en 1703 alega que su esposa «Josepha es mujer de vida ociosa, ocupándose en paseos y diversiones y le gasta el dinero en chocolate»[85]. En estos casos, parece que se invierte la carga del delito, imputando la culpa del maltrato a la mujer por su comportamiento, de acuerdo con el derecho de corrección que ya se ha mencionado anteriormente y en base al cual un hombre podía castigar a la mujer como amonestación a los comportamientos impropios de ella.

Es interesante mencionar en este punto que en la mayoría de los casos desconocemos la profesión o actividad económica del demandado, ya que no se cita como tal en los procesos. Tan solo tenemos datos de una minoría de ellos. En el siglo XVII, se citan las profesiones de los varones en treinta y cuatro ocasiones, más otros seis pleitos interpuestos contra miembros del ejército de diverso rango. En el XVIII, tan solo quince procesos nos indican el oficio y en otros cuatro se menciona que pertenecen a las tropas de defensa de la ciudad. Estas escasas cifras nos impiden profundizar en el perfil socioeconómico del agresor, asunto que hubiera sido muy interesante de definir.

Los escritos de defensa pueden ser muy variados. Destacamos el caso del pleito interpuesto por María Luisa de Arezpacochaga y Amezqueta, natural de Elgoibar, contra su marido el gobernador Nicolás de Yarza, en el que, en lugar del escrito del procurador (lo habitual) la contestación se produce mediante una carta manuscrita del propio Nicolás, desde el palacio de Igueldo, indicando que acaba de recibir la demanda de divorcio desde el obispado de Pamplona, «alegando causas ajenas a toda verdad». Parece realmente ofendido e indica que se presentará en Pamplona, «ante el obispo y demás autoridades para defender su honor»[86]. En diversos escritos posteriores alega que es caballero de la Orden de Santiago, noble y de notoria calidad y que ha servido en la Armada de su majestad más de veinte años

---

[85] ADP, Sección Procesos Judiciales, C/1210, n.º 26 de 1703.
[86] ADP, Sección Procesos Judiciales, C/1190, n.º 3 de 1698.

donde ha hecho muy singulares servicios, hechos que, aun siendo ciertos, poco tienen que ver con la causa juzgada.

También merece la pena analizar el larguísimo escrito de treinta y tres artículos de defensa que interpone Miguel de Barema a las acusaciones de su esposa de amenazas y malos tratos de palabra y obra, y que se resumen en lo siguiente: se declara persona honesta y de buena conducta, que busca la armonía en el matrimonio, que con las *menores* de su casa no ha tenido escándalos, que ha tratado a su mujer con superior atención, que no ha dado a su mujer motivo de queja, que cuando se ha enfadado con ella le ha durado muy poco y le ha dado otras satisfacciones propias del marido, que ha admitido en su casa al sobrino de su esposa, que este se ha metido en el dominio de su casa gobernándola mal, *con ceguera*, que el sobrino ha malmetido en la relación, y también una vecina, que está metida en varios divorcios ya. Sobre los conflictos con su primera mujer, dice que esta se embriagaba a menudo y a esto se debía «los tratos que en su cuerpo padeció y si valió de su compañía hallándose dominada del vino y duró por pocos días la separación»[87]. Como puede verse, estos escritos son alegaciones de lo más diverso, aunque, lo principal, el maltrato, tan solo es negado y la defensa versa en torno a otras cuestiones, como si la agresión apenas tuviera importancia. Es una tónica general que se observa en muchos procesos, en los que no se indaga sobre el hecho de la violencia en sí.

En este momento de los procesos suelen aparecer los poderes de los procuradores de ambas partes, por los que se les confiere la posibilidad de presentar escritos ante el tribunal, atender a las peticiones y trasladar las solicitudes de su parte representada. Se suele tratar de poderes generales que otorgan facultades casi idénticas en todos los procesos y que suelen ir cambiando en el caso de que el proceso se alargue en el tiempo, como sucede algunas veces, buscando una mejor defensa a sus posiciones. La figura del procurador no debe de ser entendida como la actual, sino que, en el derecho del Antiguo Régimen, además de encargarse de la documentación y los trámites ante el tribunal, también prestaban asistencia jurídica. El abogado, como tal, no aparece en ningún momento de estos procesos. Los escritos se dirigen habitualmente al tribunal o al provisor, juez diocesano nombrado por el obispo, con quien constituye un mismo tribunal y que tiene potestad ordinaria para ocuparse de causas eclesiásticas.

---

[87] ADP, Sección Procesos Judiciales, C/2469, n.º 2 de 1783.

5.2.2. *Declaraciones de testigos y probanzas diversas*

Y llegamos al momento de las declaraciones de los testigos, especialmente relevantes en la época para esclarecer los hechos que se juzgan en el proceso. Las declaraciones testificales son, posiblemente, la parte más importante de los expedientes judiciales. En el mundo medieval y moderno el juicio no es simplemente un mecanismo que permite aplicar el derecho, sino la dimensión en la que el derecho se materializa. Desde la perspectiva de la estructura del procedimiento, se mantiene a lo largo de la época una dialéctica entre el proceso acusatorio e inquisitorio[88]. La prueba del delito, a falta de otros medios, suele ser eminentemente testifical. Según indica Tomás A. Mantecón,

> [...] en la tradición inquisitiva del derecho latino, sobre la que se asentaban los ordenamientos jurídicos peninsulares [...] la arquitectura del proceso penal, que reposaba sobre una instrucción que articulaban los jueces, implicaba también el registro de numerosas voces que, a través de testimonios, peritajes e intervenciones daban cuenta de matices y singularidades muy relevantes para la comprensión de lo ocurrido y el entorno[89].

Los testigos, en número variable, son aquellos que declaran haber conocido la relación, el matrimonio; haber estado presentes en los casos de violencia; o en ocasiones declaran incluso únicamente de oídas; y las propias declaraciones de la querellante y el querellado.

Estos testimonios suelen ser realizados por familiares directos (incluso los progenitores en muchos casos), amigos o vecinos del demandante o demandado, y aparecen identificados con sus nombres y apellidos, edad aproximada, filiación en algunos casos, y relación con la parte que lo presenta. Su honestidad en la declaración pudiera verse en entredicho dependiendo de la conexión con los litigantes, pero es generalmente aceptada por el tribunal como prueba cierta, a pesar de que, en determinadas ocasiones, las presiones de una de las partes son evidentes, ya sea por mantener una relación de amistad o de parentesco, o bien por ser un sirviente, criado o trabajador de la casa donde suceden los hechos y estar en dependencia económica de uno de los dos

---

[88] M. Galán Lorda (dir.), *Gobernar y administrar justicia: Navarra ante la incorporación a Castilla*, Pamplona, Thomson Reuters Aranzadi, 2012, pp. 308-309.
[89] T. A. Mantecón, «Polisemia y mudanza del uxoricidio en una época barroca», en M. Torremocha Hernández (dir.), *Violencia familiar y doméstica antes los tribunales (Siglos XVI-XIX). Entre padres hijos y hermanos, nadie meta las manos*, Madrid, Sílex, 2021.

pleiteantes implicados. Existen múltiples declaraciones testificales de criadas y sirvientas capaces de enfrentarse a sus patronos, arriesgándose a perder su sustento, declarando los hechos que han presenciado. Como hace la criada Agustina que narra las bofetadas, los golpes y las veces que «le ha hecho sangre» su señor Nicolás de Yarza a su esposa. Añade en su testimonio como, en una de las ocasiones, después de golpear a otra criada, le pide a esta que le pegue con el hierro de la cocina a su esposa. «Ella sale huyendo, gritando por la calle y parando a algunas personas notables, pero no la escuchan»[90].

Las declaraciones de testigos se muestran en los expedientes procesales ordenadas numéricamente. En ocasiones se conservan incluso dos copias de sus declaraciones, ya que el secretario judicial realiza un borrador y luego un segundo documento de más legibilidad y concreción. Las preguntas se realizaban mediante un cuestionario cerrado que recoge una serie de aspectos relevantes para el caso en particular, con preguntas numeradas y de las que se recoge la contestación del testigo tal como él la ha indicado. Es habitual que, en muchos casos, las palabras exactas de la declaración del testigo coincidan con lo indicado en la demanda, como en 1737, cuando varios testigos copian textualmente las palabras del escrito de la mujer agredida testificando en el caso de Juliana de Acedo, vecina de Piedramillera, contra su marido Eugenio Gastón, pidiendo la separación matrimonial a causa de los malos tratos, injurias y vejaciones a que el marido la somete «amenazándole de muerte y dando muy varios y repetidos golpes y entre ellos, uno con una piedra del ante fuego de la cocina de la dicha casa [...] se le inflamó toda la cara a la dicha Juliana [...] y después de dos sangrías y otros medicamentos logró algún alivio, pero tan corto que se haya casi ciega sin poder reconocer en muchos días cosa alguna por la vista»[91].

De los 326 expedientes procesales analizados, tan solo cincuenta y cuatro (treinta y tres del siglo XVII y veintiuno de siglo XVIII) no contienen declaraciones testificales, en muchos casos, porque están muy incompletos y se han perdido. Por ejemplo, hay casos de expedientes de tan solo dieciocho o veinte páginas en los que, claramente, el paso del tiempo ha provocado la pérdida de muchísima documentación. La desaparición de folios completos, a través de los diversos eventos sucedidos en los archivos, es uno de los principales problemas a la hora de investigar y extraer conclusiones de los procesos judiciales, ya que muchos de ellos se conservan como si no estuvieran conclusos y faltan multitud de datos sobre los mismos.

---

[90] ADP, Sección Procesos Judiciales, C/1190, n.º 3 de 1698.
[91] ADP, Sección Procesos Judiciales, C/1872, n.º 9 de 1737.

En algunos procesos, los testigos presentados por el procurador de la parte del varón aparecen denominados como *testigos de disculpa,* aludiendo a la capacidad de estos de excusar los comportamientos cometidos. Esto se ve, por ejemplo, en el proceso de Juan de Láinez y su mujer, María Ruiz de Ceniceros, contra Juan López de Sevilla, beneficiado, en que estos *testigos de disculpa* insisten en que la agresión cometida se debía a que previamente María y su criada habían atacado a su sobrina, agrediéndola y llamándola alcahueta[92].

Además de las pruebas testificales, en ocasiones se realizan otras pruebas, como pueden ser médicas o de exploración, realizadas por personal facultado, asistido por personas que atestiguan la realización de estas y las condiciones en las que se han efectuado los reconocimientos. Así, por ejemplo, en el proceso de Magdalena de Erice, residente en Erice, contra Juanes de Gascue[93], se realiza un examen médico de la esposa, de nombre Agustina, que pedía la separación por impotencia del marido y malos tratos hacia ella. Se realiza el nombramiento del comité médico para los análisis de Agustina, que estará compuesto por Pedro de Murugarren, protomédico, Juan de Olcoz (de profesión desconocida) y Pedro de Amatriáin, cirujano. Estará presente la mujer de Miguel de Urroz, de la casa donde ella está depositada como medida preventiva. Los mismos médicos también reconocerán al marido.

Lo que resulta curioso es constatar que, a pesar de que en la demanda se incluya la apreciación o que haya testigos que declaran que la mujer sometida a violencia ha debido ser atendida por médico, estos no son llamados a prestar testimonio de las heridas o enfermedades que hayan podido curar o los tratamientos necesarios para reestablecer la salud. En el pleito del fiscal contra Bernardo de Uzquita y Alarcón y Catalina de Arévalo y Eguía, también interviene por dos ocasiones un médico, Diego Ximénez, prestando su testimonio, que acude a la casa para testimoniar el estado de la esposa y del hijo, achacando su estado a malnutrición y no a maltrato, y a atestiguar que el esposo no puede entrar en prisión una vez condenado a ello por otro delito diferente. En ningún caso realiza una valoración concreta de qué agresiones han podido suceder[94].

---

92 ADP, Sección Procesos Judiciales, C/1055, n.º 27 de 1661.
93 ADP, Sección Procesos Judiciales, C/412, n.º 11 de 1651.
94 ADP, Sección Procesos Judiciales, C/623, n.º 18 de 1659.

Lo mismo sucede cuando el cirujano debe atender a Ana María de la Peña, agredida por su esposo, «hasta llegar a darla en los pechos con un puñal de que ha estado muy mal herida y con peligro de su vida». Uno de los testigos es el cirujano que la atiende, pero declara escasamente sobre el hecho; sí lo hace sobre el pago de la factura, que parece que está hecho por el esposo, demostrando así su voluntad de cuidar de ella[95]. Y en el proceso de Joaquina del Rey, vecina de Tafalla, contra su marido, Pablo Zubiri y Oscáriz, se aporta un certificado médico que describe la enfermedad de ella desde septiembre a diciembre de 1787 de afecto pleurítico con fiebre aguda, dolor agudo, esputo sanguinolento, y se recomienda un tratamiento con sangrías. Hablan de la causa por falta de afectos y preocupaciones, pero no se refiere al maltrato como el motivo concreto de la enfermedad[96].

En el pleito de nulidad iniciado por María de Villanueva, vecina de Riezu, contra su marido García de Yábar, en el que se alega la no consumación del matrimonio, se presentan pruebas médicas de la impotencia de él. El doctor Alcoz y una matrona, Graciosa de Aldabe, definida como *ama del parir,* la examinan a ella y ven que es apta para la procreación y que está virgen aún (lo que no tiene nada que ver con la impotencia del marido, pero sí con que el matrimonio no se ha consumado). Al esposo le examinan también el doctor y un cirujano, Juan de Salanueva, y declaran que físicamente está correcto, pero que puede tener una deficiencia en el semen. El tema médico, que parece sencillo, da bastantes folios con las mismas declaraciones repetidas una y otra vez, al no quedar claro por qué no puede él consumar el matrimonio. Ante este hecho, la sentencia concede la separación para un plazo de cuatro años, incluyendo separación de bienes; pero deja en suspenso la nulidad, ante los diversos pareceres médicos[97].

También es habitual que aparezcan documentos de personajes socialmente relevantes en el entorno de los pleiteantes, cuya función es, sobre todo, mediar y conseguir que el matrimonio se avenga de nuevo a vivir juntos en paz y armonía, manteniendo el espíritu imperante de indisolubilidad del sacramento de la Iglesia. En la mayoría de las veces, esta función la realiza el mismo párroco o vicario del pueblo, el alcalde o cualquier otro personaje socialmente importante y con cierta autoridad moral. Estos mismos

---

[95] ADP, Sección Procesos Judiciales, C/805, n.º 7 de 1654.
[96] ADP, Sección Procesos Judiciales, C/2599, n.º 16, de 1792 a 1798.
[97] ADP, Sección Procesos Judiciales, C/1023, n.º 6 de 1654.

testimonios intentan acreditar la bondad de uno u otro de los litigantes, aludiendo a sus cualidades morales (condición apacible y blanda, recogida y honesta para ellas; trabajador, cabal, respetuoso en el caso de ellos) pero sin mencionar los hechos que son juzgados. Tales textos suelen tener la finalidad de buscar la reconciliación del matrimonio y solo en muy escasas ocasiones nos encontramos con palabras que aboguen por la separación o el reconocimiento del maltrato a la mujer.

Otro punto interesante del proceso es la determinación de alimentos y *litis expensas*, que suelen ser instadas sobre todo a solicitud de la mujer. Tenemos que entender el concepto de *alimentos* como la prestación que generalmente tiene por objeto una suma de dinero destinada a asegurar la satisfacción de las necesidades vitales de alguien que no puede procurarse ya por sí misma la subsistencia. El concepto de alimentos desde el punto de vista legal se refiere a la comida, el vestido, el techo, la educación y la asistencia médica. Por su parte, el concepto de *litis expensas* hace referencia a la obligación de atender los gastos del proceso judicial por una sola de las partes litigantes cuando la otra carezca de los medios suficientes para hacerles frente. Normalmente, ambas peticiones están conectadas y basadas en la inferior situación económica en la que quedaba la mujer una vez que se decidía, por voluntad propia u obligada por el tribunal, a vivir fuera del hogar marital. La determinación de las cuantías y su pago dan lugar muchas veces a verdaderos procesos paralelos a la causa principal y en los mismos se incluyen contratos matrimoniales y dotales, inventarios de bienes, relaciones de gastos y un largo etcétera de documentos de gran valor para los historiadores.

Lo más habitual es que en estas peticiones se reclama mientras dure el proceso, o bien de cara a la sentencia, se le otorguen con cargo al esposo y buscando el sustento para la mujer, una cierta cantidad en concepto de alimentos y el pago de las costas procesales. Así lo hizo, por ejemplo, M.ª Agustina de Iriarte, natural de Hernani, contra su marido Juan Bautista de Tellechea, en 1782, solicitando «alimentos y *litis expensas*, ya que se haya embarazada en elevado estado de gestación. Pide 100 reales de plata sencillos en moneda de este Reyno, mensuales, pues ha prescindido de muchas ropas y ajuares que tenía para huir y del efectivo que aportó al matrimonio 646 pesos y 2 reales»[98]. La condena a costas (o *litis expensas*) suele ser muy

---

[98] ADP, Sección Procesos Judiciales, C/2575, n.º 1 de 1782.

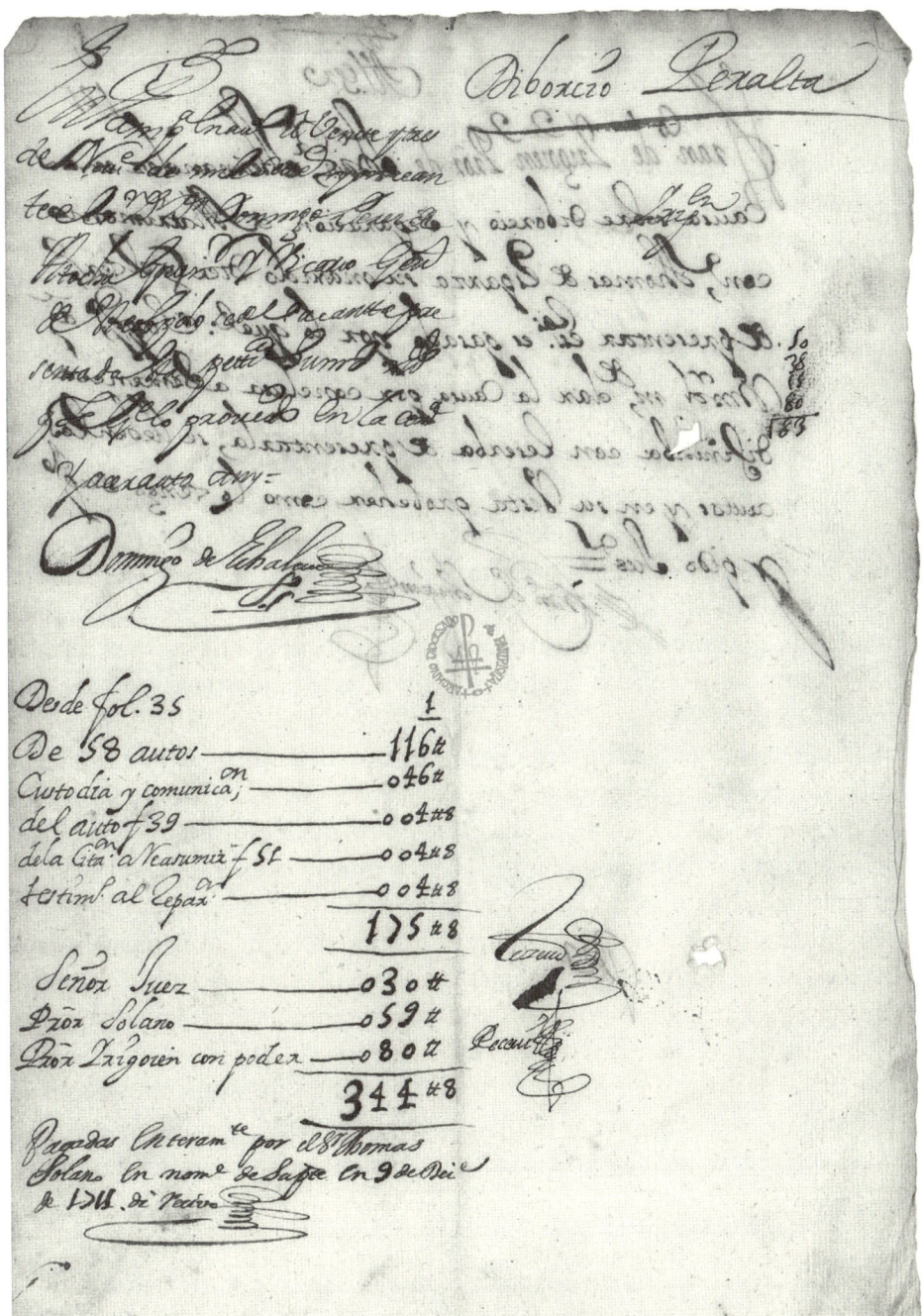

Imagen 1: Ejemplo de liquidación de costas. Fuente: ADP, Sección Procesos, C/1402, n.º 2, f. 121v.

habitual, como se verá más adelante, por lo que en numerosas ocasiones se tiende a solicitar la declaración de pobreza por la parte a la que se le ha solicitado ese pago, lo que les habilitaba a litigar sin gastos y eximía de cubrir no solo las costas procesales, sino que también de asumir cualquier otro concepto de mantenimiento económico de su esposa e hijos.

La cuantía de los alimentos depende del poder económico y la situación social del matrimonio, y se fija individualmente en cada proceso en virtud de los datos que haya podido recabar el tribunal sobre la fortuna de las partes, ya que no solo se busca la supervivencia material de la esposa, sino que mantenga su posición social tal como la tenía en la situación previa al litigio. Así lo solicita en 1792 Joaquina del Rey en su proceso contra Pablo Zubiri y Oscáriz, declarando que hasta el momento de solicitar los alimentos le ha mantenido su madre pero que «no se los puede continuar, por ser poco o nada lo que tiene y apenas le basta para su manutención y ni hay razón para que mi parte haya de mendigar la dicha teniendo el dicho Pablo su marido disposición para suministrarle lo que necesita con lo que recibió por su dotación y con lo que tiene él mismo». Reclama, en concreto y como mínimo una pensión de una peseta[99] diaria y cincuenta ducados para *litis expensas* porque no puede continuar su defensa, para seguir con su vida independiente.

Sin embargo, Nicolás de Yarza, gobernador, deberá pagar por la manutención de su esposa mientras esté en depósito en el convento de las Agustinas de San Bartolomé en San Sebastián doscientos pesos de plata. El nivel económico de este matrimonio es tan elevado que la primera reclamación de alimentos por el tiempo ya pasado asciende a quinientos escudos[100].

Analizando las diversas solicitudes de alimentos que se aprecian en los procesos catalogados como de violencia contra las mujeres en el Archivo Diocesano de Pamplona, podemos encontrar cantidades solicitadas y fijadas por auto, provisión o sentencia en concepto de alimentos en una horquilla de entre dos y cien reales aproximadamente, dependiendo, como se ha citado, de la capacidad económica de las partes intervinientes en los pleitos. Así, en el pleito entre María de Huarte, vecina de Leoz, contra

---

[99] El *Diccionario de autoridades* de 1737 define la peseta como «la pieza que vale dos reales de plata de moneda provincial, formada de figura redonda». Su uso no fue común hasta el siglo XIX, lo que indica el poder económico, cultural y social de este matrimonio al referenciar a esta divisa la cuantía de la pensión reclamada.

[100] ADP, Sección Procesos Judiciales, C/1190, n.º 3 de 1698.

su marido Miguel de Muru, el procurador de ella defiende en un escrito se le paguen los alimentos de cincuenta reales fijados, ya que María es «mujer principal y no ha lugar a que mendigue en la calle demandado alimentos»[101]. En este mismo pleito hay varios documentos que denuncian que, en alguna ocasión, Miguel le había pagado menos dinero por su manutención (dieciocho reales y dos robadas de trigo, por ejemplo, una de las veces). No puede de ello deducirse que fuera una práctica común, pero queda claro que algunas veces sucedía que se modificaba a voluntad el pago de los alimentos.

Otras veces vemos que para cubrir la obligación establecida de estos pagos se realizan embargos de bienes y rentas, como le sucede a Julián Mas, que debe hacer frente a cincuenta ducados de plata más lo que va acumulado, y para su cumplimiento se embargan las rentas que le paga un tal Pedro de Urreta por cuartos, tienda y bodega, incluso la casa. Son treinta ducados de vellón al año y debe de llevar algún atraso considerable en los pagos de alimentos. También se embarga lo que cobra de Verónica de Agaramonte, otra inquilina. Y hay varias casas más que tiene arrendadas y también quedan retenidos los alquileres. Se conservan las copias y notificaciones de esos embargos. Al final hay un pequeño inventario, de lo que se espera conseguir con esos embargos, y documentos del procurador de ella solicitando que se le paguen los alimentos, al menos, los primeros cincuenta ducados de plata[102].

Muchas veces se solicitaba, conjuntamente, la devolución de los vestidos y de la ropa de cama, imprescindible en un momento en la que la vestimenta era escasa y a veces la mujer había huido de casa con lo puesto. No debemos pensar que lo habitual en la época era poseer un gran guardarropa, sino que, en las más de las ocasiones se disponía de una o dos ropas y mudas, que se iban alternando y remendando *ad eternum*[103]. Por ejemplo, Juana Diez de Arizaleta solicita de su marido que le pague los alimentos y le devuelva la ropa, ya que «está privada de cama, ropa blanca, vestidos ni otros efectos precarios ni en disposición para ganar con el trabajo de sus manos por hallarse bastante débil, especialmente de la cabeza a resultas de

---

[101] ADP, Sección Procesos Judiciales, C/758, n.º 29 de 1640.
[102] ADP, Sección Procesos Judiciales, C/1428, n.º 2 de 1715.
[103] Existen numerosos manuales e investigaciones sobre la importancia del ajuar doméstico femenino, citamos, por ejemplo, J. M. Bartolomé, M. García Fernández y M.ª A. Sobaler Seco, *Modelos culturales en femenino...*, *op. cit.*

los malos tratamientos que ha padecido». Habla de la situación económica de él, que mantiene dos criados y es solvente, además, tiene varias viñas, que dan vino anualmente, olivos y una casa en alquiler, con lo que tiene más ingresos[104].

Los procesos se completan con variada documentación anexa, algunas de ellas ya citadas: como capitulaciones; contratos matrimoniales; dotes; escrituras de donación; informes del vicario; declaraciones de pobreza; diversas probanzas; inventarios de bienes; cartas y documentos autógrafos; sentencias de pleitos vinculados con el que se juzga en el expediente; contratos censales; etc., que son añadidos a petición de parte al proceso, para demostrar o fundamentar jurídicamente determinadas solicitudes, sobre todo las relativas a temas económicos y a los bienes del matrimonio (como podía ser la fijación de alimentos o la resolución y devolución de los bienes de la dote). Los largos pleitos económicos por las devoluciones de dotes y pago de alimentos son en ocasiones más extensos que el propio litigo de divorcio o separación.

También se documenta muy a menudo, apareciendo en casi todos los procesos, el uso o la amenaza de la excomunión como medida coercitiva o disuasoria. El cumplimiento de los autos dictados por el tribunal era impelido mediante decretos de excomunión que se enviaban a las parroquias, para que figurara en sus tablas. Tal medida, que, en principio, puede parecer importante en la época, era en muchas ocasiones tomada a la ligera, reiterándose la amenaza varias veces en el proceso. La excomunión es la expulsión, permanente o temporal, de una persona de una confesión religiosa. Durante el período de la excomunión, el afectado sigue formando parte de la comunidad, pero debe cumplir sentencia; de ahí el nombre de esta, proveniente del latín *ex communicatio[ne]*. En los casos más severos, pierde la facultad de concurrir al culto normalmente, y de tomar parte en las ceremonias religiosas. La excomunión fue la censura utilizada con mayor frecuencia en la jurisdicción eclesiástica y constituyó una herramienta importante no solo del gobierno de las diócesis sino también de los procedimientos judiciales en la Edad Moderna, sobre todo hasta finales del siglo XVII[105].

---

[104] ADP, Sección Procesos Judiciales, C/2884, n.º 2 de 1799.
[105] F. L. Rico Callado, «El uso de la excomunión en las diócesis españolas de la Edad Moderna a través del estudio de la documentación de los obispados extremeños», *Cauriensia. Revista Anual de Ciencias Eclesiásticas*, 9, 2014.

Otro aspecto importante es la determinación de medidas cautelares de protección a la mujer agredida, entre las que destacan depósito y órdenes de alejamiento, como las disposiciones que se tomaban de auxilio y salvaguarda de la integridad de la mujer. El depósito era una medida que figuraba ya en el *Codex Iuris Canonici* y rompía el deber de cohabitación del matrimonio, instalando a la mujer en otro hogar separado de su esposo, donde estaba obligada a residir. Muchas veces la entrega de la esposa se realizaba ante testigos e, incluso, notarios. El depósito se podía realizar en conventos o casas familiares, en función de su clase social y disponibilidad de ingresos para afrontar los gastos que esta medida ocasionaba. Lugares de los que la mujer tenía impedido salir, y se podía establecer por una duración determinada o bien hasta el fin del proceso[106]. Tal como se le requiere a Juana Díez de Arizaleta, depositada en casa de Lorenza Blasco, ella debe guardar «el recogimiento correspondiente a su estado sin salir de casa sino a la iglesia o en compañía de dicha viuda u otra persona de igual confianza»[107].

En ocasiones, estas decisiones formaban parte de las medidas tomadas en la propia sentencia final del proceso. Con autorización judicial, el marido podía ejercer su derecho e imponer el sitio donde quedaba confinada la esposa, quien, justificando los motivos, también podía revocar el lugar del depósito, bien para estar con más comodidad en otro elegido al efecto, o bien para buscar mayor seguridad, puesto que en ocasiones la reclusión era quebrantada con fuerza por el esposo airado. Generalmente, el hombre forzaba el ingreso en un convento, ya que era el lugar que ofrecía mayores garantías de que la mujer permanecería confinada e incomunicada, respetando la clausura, frente a la casa familiar donde podía disfrutar de la compañía de sus parientes y tenía más facilidades para salir a la calle. Aunque en ocasiones, la decisión de depósito del tribunal no gustaba al esposo que se negaba a su cumplimiento, como hizo Miguel de Muru, palaciano, ante el depósito de su esposa en casa de su padre, Pedro de Huarte. Cuando iban de camino, apareció el marido acompañado de otro hombre de su guardia y con gran violencia lo prohibieron. La comitiva, en previsión, iba acompañada de un notario que declara que los hechos son ciertos[108].

---

[106] ADP, Sección Procesos Judiciales, C/1544, n.º 21 de 1733.
[107] ADP, Sección Procesos Judiciales, C/2884, n.º 2 de 1799.
[108] ADP, Sección Procesos Judiciales, C/758, n.º 29 de 1640.

Las órdenes de alejamiento[109], medidas mucho menos comunes en la práctica judicial, limitaban la posibilidad del hombre de permanecer en los alrededores de la residencia de la mujer, llegándose en algunos casos de especial peligro para la vida a determinar el destierro, fuera de la ciudad o pueblo, o incluso fuera de Navarra.

En cuanto a la tutela de los hijos, desde el momento en que se activaba la separación y mientras se desarrollaba el proceso, se planteaba qué hacer con los menores. Normalmente, máxime si eran lactantes, hasta los tres años de edad, se mantenían al lado de la madre, incluso en el depósito. Otra opción era que permanecieran al cuidado de algún familiar o del ama, y su custodia también se convertía en batalla procesal cuando el padre se creía con derecho a reclamarlos. Destacamos algunos motivos que condicionaban la resolución judicial a favor o en contra de que permanecieran con uno u otra. Tratándose de la mujer, si los hijos eran fruto de un matrimonio anterior, incurría un factor económico importante, ya que los niños eran depositarios de la herencia de su padre, el primer marido, patrimonio que la madre debía preservar y transmitir y que, en ciertos casos, se habría aportado como dote pasando a ser administrado por el nuevo marido. Pero cuando los menores eran propios de la pareja en crisis, sobre todo si se trataba del heredero de la fortuna, título o mayorazgo, ambas familias, materna y paterna, pugnaban para que su custodia no saliera de sus respectivas áreas de influencias. Otro factor determinante era que estuvieran sufriendo igualmente malos tratos por parte del padre, situación que aconsejaba su alejamiento y su depósito en diferentes casas de familiares cuando las condiciones del hogar de la madre no lo hacían posible[110].

El final del proceso, en aquellos casos en los que se conserva completo, puede venir por un acuerdo o convenio final firmado entre las partes, por el cual se avienen a reanudar la vida maridable, empleándose formulaciones típicas de compromiso a tratarse con el respeto y amor debido, según la costumbre de la época. Se desconoce cómo se realizaba (si lo había) el control sobre el cumplimiento de estos convenios y así en múltiples ocasiones nos encontramos con procesos que se reanudan tras un acuerdo previo que, o bien no se ha respetado jamás, o tras el transcurso de unos meses, se ha retornado a la situación previa de desavenencia matrimonial.

---

[109] Licencia de término tomada empleando la denominación actual. En los procesos judiciales analizados no aparece esta denominación.
[110] R. M. Espín López, «Los pleitos de divorcio en Castilla durante la Edad Moderna», *Studia Histórica, Historia Moderna*, 38-2, 2016, pp. 167-200.

La segunda forma de terminación del expediente procesal, más habitual, es la sentencia. De los procesos analizados categorizados de violencia contra las mujeres se conservan relativamente pocas sentencias, cuyo estudio en detalle se realizará más adelante, tan solo 109[111], un 33,43 %, ya que por desgracia la mayoría se han perdido.

5.3. CLASIFICACIONES Y TIPOLOGÍAS

La clasificación realizada a continuación corresponde a una elaboración propia en aras de sistematizar de alguna forma la documentación estudiada, de cara a facilitar su estudio e investigación. Se ha realizado de acuerdo con la información recogida en los catálogos analizados del Archivo Diocesano de Pamplona y a los expedientes analizados con más detenimiento[112].

Vamos a realizar dos clasificaciones: la primera en virtud de quien ejerce la violencia y la segunda de acuerdo con la tipología de la agresión.

Comenzando por el actor que ejerce la violencia, es posible realizar una primera división estableciendo la separación entre la violencia ejercida por el marido, estrechamente vinculada al derecho de corrección que se ha mencionado antes, y las agresiones realizadas por otros miembros de la comunidad (que pudieran ser familiares de la víctima en diverso grado o vecinos), incluyendo en esta categoría aquellos ataques realizados por religiosos y miembros de la Iglesia o vinculados a ella, siendo esta, por su propia tipología, de una especial relevancia. Es necesario recordar en este punto que la jurisdicción eclesiástica tan solo entenderá de los pleitos referidos a los matrimonios y a aquellos cuyos hechos juzgados se comentan en lugar sagrado o por miembros de la Iglesia, y que el resto de los procesos de violencia contra las mujeres se trasladará a los pleitos civiles que se custodian en el Archivo General de Navarra. Será esta primera clasificación la empleada en los siguientes capítulos en aras de explicar pormenorizadamente los procesos de violencia contra la mujer del Archivo Diocesano de Pamplona.

---

[111] Cifra que incluye sentencias y acuerdos finales de los procesos.

[112] María Juncal del Campo Guinea realiza una buena catalogación y análisis de la incidencia de la violencia en las solicitudes de separación matrimonial, análisis de los caracteres psicológicos que transmiten los esposos en esas demandas en: M.ª J. Campo Guinea, «Mujer y violencia conyugal en Navarra ss. XVI-XVII», en *Historia de la mujer e historia del matrimonio. Congreso Internacional Historia de la Familia: Nuevas perspectivas sobre la sociedad europea: Murcia 1994*, 1997, pp. 99-109.

De acuerdo con esta primera clasificación, encontramos 263 casos de violencia dentro del matrimonio, la mayoría de los 326 totales categorizados, ya que tan solo sesenta y tres se refieren a agresiones cometidas por religiosos, miembros de la Iglesia, o por vecinos y familiares en lugares sagrados.

Tabla 1. Distribución de casos catalogados como violencia contra las mujeres

	N.º de casos
Violencia dentro del matrimonio	263
Violencia extraconyugal	
1. Ejercida por religiosos y miembros Iglesia	54
2. Ejercida por vecinos y familiares	9
Total de casos	326

Fuente: Elaboración propia.

Una segunda clasificación significativa puede realizarse en torno al tipo de violencia ejercida, aunque en ocasiones, la terminología empleada en la época pone en gran dificultad esta catalogación, por lo que no se incluirá un número de expedientes en cada tipología. Expresiones como «tratar con gran aspereza», que da título al presente trabajo, pueden ser entendidas como violencia física directa o como psicológica, así como otras locuciones similares que abundan en los procesos («la trataba mal de palabra y de obra», «tenía un genio atroz e insufrible», «la sometía a crueldades y vejaciones», por citar algunos ejemplos) dan lugar a la misma cuestión. En la época, y a pesar de las consideraciones sobre la vida de la mujer realizadas al principio de este estudio, el trato a la esposa y al género femenino en general, considerado intelectual y moralmente inferior al hombre, no era el que debemos esperar y entender en nuestros tiempos.

Desde nuestro punto de vista actual, determinados comportamientos, sin embargo, no dejan lugar a dudas. Así, por ejemplo, vemos el proceso de «Manuela de Esnoz, natural de Viscarret, contra su marido Martín de Elcuaz, vecino de Aoiz. La demandante pide la separación a causa de los malos tratos y amenazas de su marido, quien últimamente andaba mostrando a sus vecinos la cuerda con la que iba a ahorcar a su mujer»[113]: las

---

[113] ADP, Sección Procesos Judiciales, C/1769, n.º 14 de 1724.

amenazas de muerte, como la de este caso concreto, son consideradas violencia psicológica, pero no se puede asegurar, ni en la descripción ni en la lectura del proceso completo, si el maltrato que menciona es de palabra o de obra, por lo que la clasificación es complicada.

Veamos en el cuadro siguiente la clasificación con estas tipologías de violencia, en la que no entramos, por las dificultades ya expresadas, en determinar el número de casos concretos de cada una de las categorías, aunque el listado muestra, de mayor a menor, la incidencia en los procesos judiciales del Archivo Diocesano de Pamplona, siendo las violencias más habituales las físicas directas, y las difamaciones y amenazas las menos comunes.

Tabla 2. Tipos de violencias ejercidas contra las mujeres

Violencia física directa
1. Malos tratos y sevicias de forma genérica
2. Agresiones en diverso grado
3. Encierros
Violencia física indirecta
1. Falta de alimentos
2. Abandono / expulsión del hogar
Violencia psicológica
1. Maltrato de palabra
2. Humillaciones
3. Difamaciones
4. Amenazas en diversa índole

Fuente: Elaboración propia.

Entre las violencias físicas directas encontramos los malos tratos y agresiones directas (bofetadas, patadas, golpes, tirones de pelo y un larguísimo etcétera) así como las reclusiones por la fuerza (en habitaciones, almacenes o solamente prohibiendo a la mujer abandonar el hogar). Indirectamente, invisible, soterrada, subyacente, implícita o subterránea, se esconde otro tipo de violencia, la cual esconde la matriz basal de las situaciones de maltrato que están bajo la relación en la cual se configura: la negación a proporcionar comida o alimentos, la dilapidación de la dote u otros recursos económicos, la expulsión del hogar, o bien el abandono de este por parte del marido, negando entonces los medios económicos de subsistencia más básicos, son considerados violencia también.

A nivel psicológico, destacan las amenazas, muchas de ellas de muerte, los maltratos de palabra, insultos e injurias, y diversas humillaciones y cruel-dades vividas en el hogar y fuera de él ante testigos, vecinos o familiares, así como las difamaciones y intimidaciones de diversa índole, que en casi todas las ocasiones se combinaban con violencia física.

VIOLENCIA CONTRA LAS MUJERES DENTRO DEL MATRIMONIO

6

6.1. CASUÍSTICA

Los catálogos del Archivo Diocesano de Pamplona incluyen diversos casos de violencia contra las mujeres ejercida dentro del matrimonio, en de los capítulos dedicados a este vínculo conyugal, bajo los epígrafes de «desavenencias», «separación», «divorcio», «nulidad». También se mencionan directamente los «malos tratos», con esa exacta denominación, como categoría especial y diferenciada, distinguiendo los casos en los que se dan, pero no son el principal elemento del juicio, de aquellos otros en los que sí lo son. Se pueden localizar también relatos de agresiones en expedientes en los que se menciona la violencia contra la mujer en los relativos a «*exploro*[114] de la libertad», «promesa de matrimonio» e «impedimentos», aunque la casuística especial de estos últimos está más centrada en asuntos más relacionados con el consentimiento al matrimonio, los estupros y las normas canónicas para contraer esponsales, y resultan ser una clara minoría sobre el total de los procesos categorizados de violencia contra las mujeres.

Según el índice de materias de los catálogos del Archivo Diocesano de Pamplona, esta es la distribución de casos considerados de violencia dentro del matrimonio, para cada uno de los siglos estudiados, en la que destaca notablemente, por los numerosos procesos judiciales que contiene, el epígrafe denominado «desavenencias» (nombre ciertamente curioso desde nuestra mentalidad actual), seguido de «separación» y «malos tratos». Los

---

[114] El término aparece como tal en los catálogos del ADP, referido a la exploración o demostración de la libertad con la que se había contraído el casamiento, requisito indispensable para que este fuera válido, ya que aquellos contraídos bajo coacciones o amenazas podían devenir en nulos.

pleitos directamente considerados de nulidad son pocos y hay otras categorías casi irrelevantes en cuanto al número de procesos.

Como se ha mencionado en el capítulo referente a la justificación de la violencia contra las mujeres, es el denominado *derecho de corrección* la base de la mayoría de las justificaciones aportadas por los esposos a la hora de explicar al tribunal los hechos acaecidos y su posible gravedad. Muchos autores suponen que el grueso de esta violencia quedaba dentro de la intimidad del matrimonio y no se exponía a juicio ni conocimiento público salvo una minoría, notoria por su extrema importancia. Una forma de castigo *leve* estaría aceptada, tanto por hombres como por mujeres, y tan solo aquellos que se excedieran en dichos comportamientos socialmente aceptados serían encausados. No debemos olvidar que la Edad Moderna es un periodo de una gran violencia generalizada, no solo por las múltiples guerras que se sucedieron durante años, sino que, en las ciudades, villas y pueblos, se experimentaba en distintas variantes: duelos, reyertas, peleas, pendencias, disputas o altercados. La consideración de una agresión como *leve* o *grave* depende del entorno en el que esta se cometa y en la sociedad que deba juzgarla. Por este motivo, las demandas de las esposas insisten constantemente en la brutalidad del castigo que se les inflige y en la falta de motivo para ello[115]. El marido se veía con la capacidad de castigar a la mujer por determinados comportamientos que no fueran de su agrado (ser derrochadora, abusar del vino, no cuidar la casa o simplemente, no tratarle con amabilidad), con bofetadas, encierros o agresiones de palabra delante de familiares, criados o vecinos. A veces se trata tan solo de hechos aislados, pero otras, sin embargo, las palizas, insultos, amenazas y golpes se suceden día tras día en muchos casos, dando lugar a delitos continuados y a verdaderos sufrimientos físicos entre las mujeres que ponen en peligro su vida y su integridad psicológica. Estas, en el momento en el que aprecian la real posibilidad de fallecer en manos de sus maridos, deciden en ocasiones huir del domicilio conyugal, incluso con solo lo puesto, enfrentándose a mayores problemas al no querer regresar y hacer vida maridable con sus esposos. Entre las mayores dificultades estaban procurarse los recursos económicos suficientes para su subsistencia y la de sus hijos, el rechazo social y el abandono por parte, incluso, de sus propias familias. Si la mujer no puede trabajar para procurarse un salario que le proporcione

---

[115] M.ª J. Campo Guinea, «Mujer y violencia conyugal...», *op. cit.*, p. 104.

el sustento diario; si tampoco puede cobrar los derechos económicos que se le deban en concepto de arriendos o censos; si no dispone de dinero propio ni manutención; si su familia le rechaza y le niega el hogar y un techo donde cobijarse…, la mujer tiene grandes posibilidades de caer en la más absoluta indigencia y depender únicamente de la caridad de las instituciones, que también estaba penada y vetada a una gran cantidad de personas, ya que las entidades que la procuraban estaban desbordadas por la abundancia de pobres de solemnidad que la vida en el Antiguo Régimen dejaba a su paso.

Además, existía otro problema añadido y era que los tribunales penalizan estos comportamientos de abandono del hogar conyugal con penas de excomunión y condenas a multas y costas, pero en los procesos judiciales estudiados se advierte la total conciencia del peligro que corren las mujeres de perder su vida y hay una gran mayoría de casos en los que se las protege mediante internamientos en casas de familiares o conventos (el llamado *depósito* que ya se ha mencionado), sacándolas así fuera del ámbito de actuación de su maltratador, a la vez que se les procura un mantenimiento económico mediante la fijación de una cuantía de alimentos y *litis expensas*.

Es realmente complejo intentar categorizar el maltrato por el tipo producido, ya que, como se ha indicado antes, en muchas ocasiones los procesos no delimitan entre violencia física y psicológica, quedándose las descripciones de los hechos aportadas en palabras poco definitorias de lo acontecido y, más bien, comunes. Sin duda, los casos de amenazas, humillaciones y vejaciones de palabra, más complicados de demostrar, serían más abundantes de lo que nos ha llegado en la documentación conservada, y se puede considerar que en el genérico tantas veces repetido a lo largo de los procesos de «malos tratos y sevicias» o «mal trato de palabra» estarían incluidas estas actitudes, aunque no se mencionen de forma directa y explícita.

Como se ha visto al principio del capítulo, en muchos casos la solicitud implícita de la demanda judicial no es juzgar el delito de malos tratos en sí, ni intentar penalizar la agresión, sea esta puntual o continuada, sino que lo que se pretende es obtener una sentencia que autorice la separación, divorcio o declare la nulidad, siendo la violencia ejercida la justificación para dicha petición. O bien se justifica la falta de vida maridable y la huida del hogar en los casos en los que es el fiscal quien inicia el proceso y una de las partes aduce la violencia como causa de descargo por ese abandono. En otros casos, la demanda se apoya también en otros desórdenes del matrimonio como la dilapidación de la hacienda o la dote, el adulterio, el traslado del domicilio familiar o las malas relaciones con la parentela que pueden ser consideradas violencias psicológicas[116].

6.2. DESCRIPCIÓN DE LA VIOLENCIA EJERCIDA DENTRO DEL MATRIMONIO

Si algo llama la atención en la lectura de los procesos judiciales de final de la Edad Moderna, de estos siglos XVII y XVIII en los que se centra la presente investigación, es la descripción de los hechos con gran cantidad de detalles y mostrando la intimidad del matrimonio de una forma que, ciertamente, parece ser que no encaja con lo que esperamos de la época. La sinceridad de la narración, la sencillez con la que se explican las agresiones y los hechos, así como la naturalidad con la que se describen los comportamientos, parecen más cercanas a la forma de narrar contemporánea que a la que se espera de ese momento, dadas las convenciones sociales y morales que estaban vigentes.

En muchos de los expedientes, tanto en los escritos de demanda de la agredida como en las declaraciones testificales, encontramos abundantes referencias genéricas a ese «trato con aspereza», a «malos tratos y sevicias», a la «terrible condición» del marido o la expresión «poner la mano encima» como sinónimo de agresión física, sin más explicaciones detalladas, pero en otros procesos se entra en pormenores describiendo la situación con total realismo. Es necesario aclarar que el tribunal entiende perfectamente esos conceptos y expresiones y no intenta ahondar en relaciones detalladas de los hechos, mediante preguntas de los procuradores, vicarios o secretarios judiciales. En el proceso de María Josepha Virto y Alduy contra su marido, don Lucas Remírez de Ripa, el escrito de ella declara que había sufrido «recias pesadumbres, asperezas y malos tratamientos de obra y palabra» hasta el punto que «en el espacio de veinte meses poco más o menos abortó tres veces»[117], sin entrar a esclarecer qué ha motivado exactamente estos tres abortos[118].

---

[116] Se considera violencia psicológica o emocional a toda acción u omisión destinada a degradar o controlar las acciones, comportamientos, creencias y decisiones de otras personas por medio de intimidación, manipulación, amenaza, humillación, aislamiento, o cualquier conducta que implique un perjuicio en la salud psicológica. Este tipo de violencia es de las más comunes y naturalizadas de la sociedad.

[117] ADP, Sección Procesos Judiciales, C/2282, n.º 12 de 1772.

[118] Sin embargo, a la hora de mantener la medida de depósito (este pleito carece de sentencia) sí se tiene en cuenta que, al salir de la casa, el último embarazo de María Josepha prosperó y dio a luz a una niña.

No es la idea de la presente investigación el realizar una descripción pormenorizada de la crueldad y de las agresiones sucedidas, buscando una recreación truculenta del dolor, miedo y pánico de las mujeres de la época, sino tan solo enunciar la gran sinceridad con la que se relatan los hechos y su extrema gravedad, que, como se verá en el estudio de las sentencias, en ocasiones no justificaba, a juicio del tribunal, una separación o divorcio del matrimonio.

Por este motivo, citaremos apenas tres ejemplos de estas descripciones, seleccionadas entre todas las disponibles por su gran detalle en el relato de los hechos, mostrando así al lector cómo eran esos testimonios, en cuanto al lenguaje empleado y forma de narrar:

- Así, María Martín de Viscarret declara en 1629 que su esposo:

> ha dado en perseguirla y maltratarla de palabra y obra poniendo las manos en ella en diferentes veces dándole muchos golpes de que ha estado diversas veces muy mala, y sacando el puñal que llevaba consigo llegando para ella con ánimo deliberado de matarla. Y que cogió un hacha de partir leña que tenía y con ella y con muchos juramentos y votos que echaba acudió para mi parte para matarla y le quiso dar un golpe para matarla y para entrar donde estaba rompió la puerta del aposento y lo hubiera hecho de haber llegado a tiempo un hombre que se lo impidió con otras muchas personas que se hallaron al cavo para moderarlo[119].

- De la misma manera, María Juan de Olagüe, vecina de Pamplona, pide la separación matrimonial de su marido Gaspar de Arnedo, alférez reformado, con el que había casado hace trece años, alegando que:

> la ha tratado no como a mujer propia, sino como que, si fuera una esclava, y en una ocasión estando ella de espaldas le ha hecho una herida en la cabeza de muy mala calidad [...] también la ha maltratado dándole muchos golpes y la ha amenazado de muerte [...] le ha negado el pan y alimentos necesarios para vivir. Además, le tiene cerrado el pan, el tocino y lo demás comestible, hasta la leña y el carbón, haciendo que pase grandes necesidades intolerables y son tan continuos sus vicios y malos tratos que se hace imposible vivir en compañía de dicho su marido[120].

---

[119] ADP, Sección Procesos Judiciales, C/591, n.º 12 de 1629.
[120] ADP, Sección Procesos Judiciales, C/1210, n.º 24 de 1701.

- En 1783, María Ana de Mayora, vecina de Ilárraz, demanda a su marido Juan Beltrán de Errea, pidiendo la separación matrimonial del mismo a causa de las muchas amenazas, insultos y sevicias de que es objeto. Así relata con sangre fría los siguientes hechos:

> después de retirada la familia, menos la dicha Mariana con dos criadas, estando descalzándose para retirarse, entró dicho Juan de Beltrán por la cocina amenazándole con la pala de hierro para sacudir a la dicha Mariana, a la que puedo escapar librándose metiéndose entre las dos criadas y de no lograr su intento dicho Juan de Beltrán su intento, pegando contra el suelo con la dicha pala por medio y después echó mano de unas tenazas y en esto se pudo refugiar donde estaban las menores cerrando la puerta para sí a donde la siguió y de no poderla fue por instrumentos y en eso se refugió en el aposento de los Amos mayores[121].

En resumen, en la violencia física, priman las bofetadas, empujones, puñetazos y golpes directamente con las manos en diversas partes del cuerpo. Pero el agresor también es capaz de emplear los instrumentos domésticos que tenga alrededor: palos, escobas, hachas, cinchas, utensilios de las chimeneas o cocinas..., lo que parece surgir de una rabia y cólera no premeditada. Otras veces recurren a armas y así dan puñaladas con cuchillos o navajas, que eran objetos que portaban habitualmente los hombres para su trabajo o defensa personal en las calles. La gravedad llega a tal punto que muchas de las agresiones pueden ser tratadas de intentos de asesinato y, sin duda alguna, buscan causar dolor agudo, dañar a la mujer de forma permanente, sin pensar en las consecuencias de los actos. Existen casos más llamativos en los que las agresiones físicas llegan incluso a los mordiscos, como Joseph Navarro que «en las fiestas [...] le dio un bocado a su esposa como una fiera atravesándole la nariz»[122].

En cuanto a los casos en los que se aprecia violencia psicológica, abundan las amenazas de muerte, humillaciones privadas y públicas, gritos, insultos (como, por ejemplo: *puta*, *perra*, *bruja*...), encierros, retirada de alimentos, alejamiento de los parientes, incitación a la prostitución, adulterios o amancebamientos incluso en el mismo hogar familiar en presencia de los propios hijos y criados, y un largo etcétera. Por desgracia, muchas veces

---

[121] ADP, Sección Procesos Judiciales, C/2329, n.º 20 de 1783.
[122] ADP, Sección Procesos Judiciales, C/1882, n.º 22 de 1753.

se combinan ambos tipos de violencia en actuaciones deplorables, como las que se le achacan a Julián Mas en el pleito de desavenencias que inicia su esposa Ana María de Samatelu en 1715 y en el que esta declara en el escrito de demanda que:

> al poco de contraer matrimonio empezó a aborrecerla sumamente, viviendo divertido con una mujer [...] llevándola a su casa, comiendo y bebiendo con ella y durmiendo en una cama y diciendo a mi parte que al otro día que muriese se casaría con ella. En otras ocasiones, escupiéndola en la cara la sacaba y la echaba de la cama y en otra ocasión la amenazó de muerte con un puñal y en otra tirándole el candelabro de las manos la echó del cuarto en que dormían cerrándole la puerta[123].

Ella se escapó del hogar conyugal y huyó a casa de su tío, donde estuvo por veinte días. Al regresar al domicilio familiar, su esposo «la golpeó con un palo y a la dicha mi parte (según escrito del procurador de Ana María) y a su hija las ha tenido encerradas en un aposento por muchos días negándolas la comida y bebida y haciendo a la dicha mi parte otros muchos malos tratos de obra y de palabra, amenazándola de muerte siempre que podía»[124].

Otras veces, además de los malos tratos, el amancebamiento es tan evidente que se alega como causa para solicitar el divorcio. No hemos considerado por sí sola la convivencia con otra mujer en forma de amancebamiento, lo que pudiera ser una forma de maltrato psicológico, sino que solo se contempla en los casos en los que además concurren otras circunstancias de agresiones. Así sucede en la causa de Leonor Ramírez contra su marido Juan Pérez de Oteiza, en la que trece testigos, incluido Lorenzo de Samaniego y Jaca, de la Orden de Santiago, declaran que «Juan vive amancebado con una mujer casada, de la que no saben el nombre, pero que sí que ha sido apercibido varias veces para volver a su casa y dejar las conductas inmorales y no responde adecuadamente». Cuentan también que ha estado preso por ese motivo en la cárcel pública, dato que no hemos podido verificar[125]. Algo similar alega Ana María de Samatelu, declarando que su esposo «al poco de contraer matrimonio empezó a aborrecerla sumamente, viviendo divertido con una mujer [...] llevándola a su casa, comiendo y bebiendo con ella y

---

[123] ADP, Sección Procesos Judiciales, C/1428, n.º 2 de 1715.
[124] *Ibidem*.
[125] ADP, Sección Procesos Judiciales, C/1026, n.º 2 de 1665.

durmiendo en una cama y diciendo a mi parte que al otro día que muriese se casaría con ella»[126].

¿Cuál era la posición del esposo ante estas descripciones de los hechos? ¿Qué actitud tomaba ante estas narraciones y qué alegaba en su defensa? En primer lugar, en la inmensa mayoría de los procesos, el marido no admitía haber agredido a su mujer y muchísimo menos que, en el caso en el que no le quedara más remedio que reconocer que efectivamente se había producido el suceso que ella narraba, no estuviera justificado por el comportamiento de su esposa. La principal defensa fue, entonces, la apelación al derecho de corrección por parte del esposo, indicando, además, su buena voluntad y sus múltiples bondades y virtudes en otros aspectos de la vida, que conformaban una semblanza del agresor que, sin tener nada que ver con los hechos juzgados, era tomada en consideración por el tribunal.

En muchos casos también se añade a lo anterior la alusión a la «condición insufrible» de la esposa, su «recia condición», o a su «mucho carácter», como razón de que el maltrato se hubiera producido. Por ejemplo, el esposo demandado por Juana de Beunza define a su mujer como de «fuerte condición y soberbia» y varias veces se aduce que pegó a su marido en la cabeza con algún elemento del hogar. Se indican en las declaraciones de varios testigos que él le pagó nodriza varias veces para los niños, como prueba de que la mantenía y de su virtud y buena disposición a la convivencia[127]. Miguel de Muru, en el pleito que le había interpuesto su mujer María de Huarte solicitándole separación matrimonial, se defiende indicando que nunca ha faltado de nada para la manutención de la casa y la familia; pero que ella es una mujer colérica y altiva con todos y en particular con él[128].

Casi lo mismo alude en su defensa Juanes de Iroz, cuando alega que es «un hombre sin vicio y continuo trabajador de su oficio de carpintero, apartado de juegos y vicios y entretenimientos y muy recatado y recogido, y que ha corregido a su dicha mujer usando la licencia matrimonial aconsejándole lo que importa para quitar dicendas y malas sospechas y apercibiendo a la dicha mujer», indicando sobre su esposa que «la dicha María es muy soberbia y no respeta ni teme a su marido»[129]. De la misma manera también se defiende Pedro Pérez de Arrate y Lizarza, cirujano: «si en alguna ocasión mi

---

[126] ADP, Sección Procesos Judiciales, C/1428, n.º 2 de 1715.
[127] ADP, Sección Procesos Judiciales, C/495, n.º 4 de 1622.
[128] ADP, Sección Procesos Judiciales, C/758, n.º 29 de 1640.
[129] ADP, Sección Procesos Judiciales, C/481, n.º 3 de 1614.

parte ha castigado a la dicha Ana de Aleos, su mujer, ha sido por haberle perdido el respeto y querencia que se le debe al marido y resistiendo de cumplir con lo que él le mandaba siendo licito y honesto»[130].

Es decir, se aprecian dos actitudes superpuestas: por un lado, la negación de que el hecho sea delictivo, ya que o bien el esposo ejerce el *derecho de corrección* o porque la actitud de la esposa lo justifica y motiva; y, en un segundo lugar, la aplicación de la premisa de que una persona cumplidora en algunos aspectos de la vida, por ejemplo, los morales, religiosos y sociales, no puede cometer una agresión contra su esposa en el espacio íntimo de la vida conyugal. Esta dualidad es ciertamente importante a la hora de dictar sentencia para el tribunal, que, salvo los casos de agresiones con serio peligro de muerte, ve oscilar su criterio entre permitir restaurar la vida matrimonial o aceptar la separación o divorcio solicitados si aprecia que el esposo ha cumplido con sus deberes conyugales, ha corregido a su esposa o bien es un ser de moralidad intachable. En muy pocas sentencias y autos se aprecia que los jueces diocesanos declaren las narraciones femeninas de las violencias ejercidas contra ellas como mentiras o falsedades, así que, en rasgos generales, debemos entender que las dan por ciertas, aunque, eso sí, las consideran dentro de la normalidad del matrimonio (y entendemos que también del entorno de violencia generalizada, propio de la sociedad de la época moderna, por lo que no les llaman excesivamente la atención) salvo en casos extremos.

6.3. REACCIÓN SOCIAL ANTE LA VIOLENCIA CONTRA LAS MUJERES: LAS DECLARACIONES DE TESTIGOS

Ahora bien ¿debieran dar por ciertos los tribunales los testimonios como los arriba mostrados? ¿De qué forma podían comprobar su veracidad?

En este momento interviene en todo su esplendor la prueba testifical, que cobra una gran importancia en los procesos de todo tipo del Antiguo Régimen en general. De tal gravedad es esta prueba que muchos escritos de demanda se inician incluyendo una coletilla similar a «como es cierto, público y notorio y dirán los testigos cuanto supieren, hubieren visto, oído o entendido en su razón», resultando esta locución definitoria del proceso: las

---

[130] ADP, Sección Procesos Judiciales, C/540, n.º 16 de 1633.

declaraciones de los testigos son las que prueban la veracidad de los hechos. No solo ocurre esto en los procesos matrimoniales y de violencia en general como los estudiados en la presente investigación, sino que se extiende a todos los juicios y pleitos del Antiguo Régimen. En estos casos en concreto en los que se juzga la violencia contra las mujeres es aún más importante si cabe, ya que las declaraciones de marido y mujer y sus respectivas alegaciones deben verse apoyadas por las concordantes o discordantes de aquellos que pudieron presenciar los hechos y, de tal manera, declarar si sucedieron o no en la realidad.

La probatoria suele realizarse mediante las declaraciones de los vecinos, amigos, criados de la casa o la familia, cualquiera que pudiera haber presenciado los hechos o, incluso, haber tenido conocimiento de estos por declaraciones de terceros; aunque algunas veces son también llamados a testificar los miembros de la iglesia o parroquia, así como hombres notables y respetables del lugar. En algunos procesos, se diferencian los aportados por cada interviniente con las denominaciones de testigos de cargo y de descargo, o bien en otros se designan simplemente testigos en general.

En total, de los 263 casos del Archivo Diocesano de Pamplona categorizados como de violencia contra las mujeres dentro del matrimonio, presentan declaraciones de testigos 218 procesos (en concreto, 124 corresponden al siglo XVII y 94 al siglo XVIII), lo que representa un 82,89 %, es decir, casi la práctica totalidad. Recordemos que en muchas ocasiones los expedientes no han llegado completos y se ha perdido numerosa documentación con el paso de los años, lo que puede afectar a que no se hayan conservado estas pruebas testificales, y no debe achacarse a que, en esos pleitos en los que destaca su ausencia, no se hubieran realizado estas probatorias. Esta conclusión está basada en el hecho de que se efectúan muy pocas otras indagaciones para la verificación de los hechos, aparte de las testificales, con lo que, dando por descontado que el tribunal debe valorar la realidad de lo acontecido y juzgado, nos queda pensar que debieron de darse en todos los procesos, pero que no se han conservado.

La fase probatoria es una de las más extensas del proceso. En cuanto al desarrollo de la prueba testifical, comenzaremos por comentar que el número de testigos presentados en los distintos procesos judiciales es muy variable, dependiendo de las oportunidades y posibilidades de los demandantes, de si los hechos sucedieron en público o en la intimidad del hogar, o de la relevancia social de las personas implicadas; y, así, se pueden encontrar procesos que presentan apenas entre cuatro y ocho testigos y otros con más de treinta exposiciones testificales. En todas las ocasiones, las declaraciones responden a un esquema de cuestionario, y no se admiten testimonios libres y abiertos. Según la praxis habitual, se realizan una serie de preguntas a los testigos de ambas partes, numeradas, cerradas y siempre las mismas a los declarantes presentados por ambas partes, de acuerdo con lo aportado y alegado por los escritos de los procuradores de las partes en el caso en concreto, y ellos deben responder en el mismo orden exacto al que se realizan, mientras el secretario judicial recoge cada palabra textualmente. El número de las preguntas del cuestionario es variable, a veces son tan solo tres o cuatro, y otras veces veinte, dependiendo de la complejidad del caso.

Tal como sigue sucediendo en la actualidad, los testigos presentados podían ser impugnados por la otra parte alegando poca imparcialidad en sus declaraciones o que estas estuvieran manipuladas por temor reverencial, dependencia económica o afectiva. Así lo vemos en el pleito de desavenencias entre María de Huarte y Miguel de Muru: el procurador de él impugna varios testigos. Por ejemplo, el primero, llamado Juan de Lubian, diciendo que es enemigo capital de él y que han tenido varios pleitos criminales, y también el sexto, Pedro de Alcoz, por motivos similares. El procurador de María defiende a esos testigos, como «honrados y temerosos de Dios», e indica que esos testigos no han sido influidos y que no tienen enemistad con Miguel, sino que son «corteses y comedidos». Por su parte, el procurador de ella impugna algún otro testigo, como Luisa de Espinal y su marido Domingo, de los que dice que su marido les tiene «granjeados porque les lleva regalos y comida a su casa». También arremete contra Martín de Garralda, del que dice que tiene «una estrecha amistad con su marido y salen a beber juntos y a veces le paga las costas de los pleitos que tiene»; y aún impugna a otro tercer testigo, Simón de Nicola, y a su mujer, que «ya no viven en Leoz desde hace tiempo, pero que, de todas formas, su marido les mantiene»[131].

El comienzo de todas estas declaraciones se produce mediante un auto de juramento de los testigos que contiene la identificación, de forma breve, pero suficiente en la época para individualizar y distinguir a cada uno de ellos, siguiendo una fórmula similar a la siguiente: «ítem[132] la dicha Juana

---

[131] ADP, Sección Procesos Judiciales, C/758, n.º 29 de 1640.
[132] «Ítem». Voz proveniente del adverbio latino *item* (del mismo modo, también). Se emplea para individualizar y distinguir cada parte igual a otras en los artículos o capítulos de los escritos judiciales. En este tipo de pleitos lo vemos en declaraciones testificales, como las presentes, en los escritos de demanda y de defensa, en inventarios, etc.

Francisca de Garaicoechea, natural de la villa de Leiza, y residente en esta villa de Villava, testigo presentado y jurado de edad que dijo ser de veinte años, poco más o menos, y que no le comprenden las preguntas generales»[133], aunque en ocasiones se indican cargos o méritos, que aportan más veracidad a su testimonio, como sucede en la declaración de Lorenzo de Samaniego y Jaca, de la Orden de Santiago, en el proceso de desavenencias de Leonor Ramírez, vecina de Estella, contra su marido Juan Pérez de Oteiza[134]. Después sigue la batería de preguntas «particulares» con cuestiones tales como fórmula de pregunta: «preguntado por lo contenido en el interrogatorio de la causa», «en cuanto a la segunda pregunta», y sucesivamente, que muestran el carácter del interrogatorio realizado, cerrado y en modo cuestionario.

A modo de ejemplo, estas son las preguntas realizadas a los testigos en el proceso C/1457, n.º 14 de 1712, que se describe de la forma que sigue: «Juana de Solórzano, vecina de Estella, solicita la separación matrimonial de su marido, Juan Pantaleón de Iracheta, a causa de los malos tratos y sevicias que este le ocasiona. Juana declara que su marido no le da los alimentos necesarios, la amenaza de muerte y varias veces ha estado herida y acardenalada». El cuestionario comienza con: «preguntado a tenor de la comisión de esta causa», y las preguntas de este interrogatorio son las cuatro siguientes: se pregunta por la existencia del delito, «si tiene conocimiento de los malos tratos de los que se habla en la causa»; también se interroga por las partes «si conoce al hombre y su carácter y comportamiento» y «si conoce a la mujer y su carácter y comportamiento». Por último, se hace una pregunta con un evidente interés procesal: «si sabe si él tiene bienes raíces»[135].

Cada parte aporta una serie de testimonios que, lógicamente, le son beneficiosos a sus declaraciones previas, y muy rara vez se contradicen entre ellos. En cuanto a su forma, se reitera lo indicado para el caso de las declaratorias de los demandantes, con la misma naturalidad, crudeza y realismo que veíamos en el capítulo anterior, los testigos describen las agresiones que han presenciado o de las que han tenido conocimiento a través de terceros. Así, como muestra de ello, en el expediente de María Martín de Viscarret anteriormente mencionado, las declaraciones de testigos, como Jerónimo de

---

[133] Ejemplo escogido del proceso ADP, Sección Procesos Judiciales, C/2575, n.º 1 de 1782.
[134] ADP, Sección Procesos Judiciales, C/1026, n.º 2 de 1665.
[135] Esta pregunta tal cual está transcrita, se realiza con el fin de conocer la capacidad financiera del demandado, ante la negativa del mismo a asumir los alimentos y *litis expensas*.

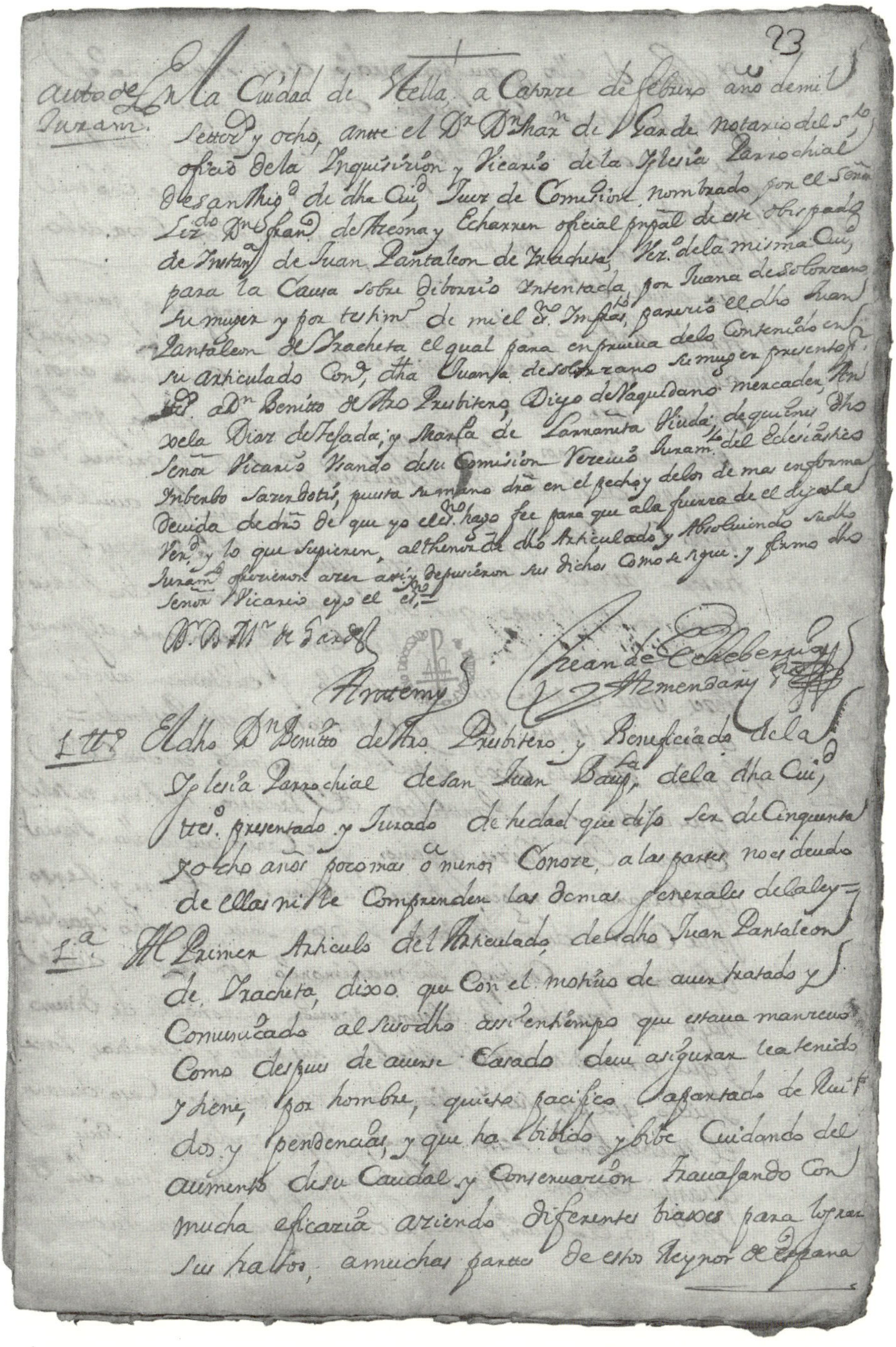

23

[Documento manuscrito. Declaraciones testificales.]

Imagen 2: Ejemplo de declaraciones testificales. Fuente: ADP, Sección Procesos, C/1457, n.º 14, f. 23r.

Gaztelu, vecino, son claras y tajantes: «le ha dicho que cuando salga de prisión la ha de matar», y otros vecinos declaran que en ocasiones han tenido que pasar a la otra casa para parar los golpes que le daba «a causa de los cuales María ha estado sangrada y en cama»[136].

O en el proceso de Graciana de Ugarte, vecina de Echauri, contra su marido Juanes de Vergara, albéitar, algunos testigos mencionan los insultos exactos proferidos y que la tiró por las escaleras, pero también hablan de conflicto en común, que ella le tiró una olla, que no le daba de cenar. Un vecino llamado Nicolás de Lercea, en concreto, cuenta que vio que «le puso las manos en ella muy ásperamente y le dio dos mojicones en el pescuezo y dos puntapiés y otro en la espinilla que la dejo muy dolorida y la echó fuera de casa, y que es muy peligroso y mal hablado y puede matar con facilidad a la dicha su mujer»[137].

Los testigos del pleito de Francisca Hernández, vecina de Peralta, contra su marido Tomás de Esparza detallan los malos tratos sufridos por ella diciendo que han visto a su esposo «cogiéndola duramente del brazo haciéndola sangrar o que han tenido que llamar al médico, que algunas veces no ha querido dormir con ella [maltrato psicológico por incumplimiento de deberes conyugales], que diferentes alcaldes y clérigos les han amonestado a ambos para que se traten con paz y quietud», y hablan también de los gastos del esposo en juegos y demás vicios, como que gasta la hacienda, y que va con músicos y matracas a la noche, dándole al vino. Incluso se declara que delante de un testigo le ha levantado de la cama a su mujer «llamándola mala puta» (tras una discusión producida porque ella le había cerrado la puerta de casa, ya que salió después de cenar y tuvo que entrar por la ventana) y un martes de *carnestolendas* al llegar a cenar le derramó todos los pucheros «porque él en su casa hace lo que quiere»[138].

Cabe preguntarse por qué no se emplea otro tipo de pruebas como puedan ser médicas o similares en estos casos de violencia, ya que se usan, por ejemplo, para demostrar impedimentos matrimoniales a la consumación como impotencias. En el caso de agresiones, en los que se habla incluso de pasar días en cama después de producirse, de cardenales y moratones y roturas de huesos, pudiera ser necesario que un médico certificara estos hechos,

---

[136] ADP, Sección Procesos Judiciales, C/591, n.º 12 de 1629.
[137] ADP, Sección Procesos Judiciales, C/617, n.º 9 de 1637.
[138] ADP, Sección Procesos Judiciales, C/1402, n.º 2 de 1712.

teniendo en cuenta, además, que en muchos casos la quejante[139] y los testigos declaran haber necesitado de su asistencia. Tal sucede en el pleito de Juliana de Acedo, vecina de Piedramillera, contra su marido Eugenio Gastón, donde el sobrino de la demandante y algunos vecinos declaran todos a favor suya repitiendo lo mismo y dejando claro el buen carácter y predisposición de Juliana (la demandante), indicando que han visto al marido «amenazándole de muerte y dando muy varios y repetidos golpes y entre ellos, uno con una piedra del ante fuego de la cocina de la dicha casa [...] se le inflamó toda la cara a la dicha Juliana [...] y después de dos sangrías y otros medicamentos logró algún alivio pero tan corto que se haya casi ciega sin poder reconocer en muchos días cosa alguna por la vista»[140].

Sin embargo, en ninguno de los procesos analizados se encuentran este tipo de probatorias. En el proceso de separación de Ana María de la Peña y Pedro Navarro y Aldeco, las agresiones sufridas por la esposa llegan al punto de «hasta llegar a darla en los pechos con un puñal de que ha estado muy mal herida y con peligro de su vida». Curiosamente, uno de los testigos es el cirujano que la atiende, pero declara escasamente sobre el hecho, aunque sí se extiende sobre el pago de la factura, que parece que está hecho por el esposo[141]. En este caso, a beneficio de la justicia del proceso judicial, la sentencia concede lo solicitado por Ana María y declara: «en consecuencia, hacemos, entre los susodichos, divorcio por vida»[142]. Además, condena a costas y alimentos al esposo.

6.4. ACTITUD DEL FISCAL FRENTE A LA VIOLENCIA CONTRA LAS MUJERES EN EL MATRIMONIO

El fiscal diocesano juega un papel importante en estos procesos judiciales por dos motivos principales: iniciar de oficio determinados pleitos u opinar en aquellos en los que estaban iniciados a instancia de parte y se veían

---

[139] Término que aparece como tal usado en los catálogos del ADP, relativo a la demandante que establece el inicio del pleito o *queja*.

[140] ADP, Sección Procesos Judiciales, C/1872, n.º 9 de 1737.

[141] ADP, Sección Procesos Judiciales, C/805, n.º 7 de 1654.

[142] El divorcio en la Edad Moderna no extinguía el vínculo matrimonial, que solo terminaba con la muerte de uno de los cónyuges, sino que consistía en el cese de la cohabitación obligatoria. Por eso en este caso se determina que será «de por vida», indicando que no se les iba a obligar en un futuro próximo o lejano a hacer vida maridable juntos ni a convivir en un mismo hogar.

solicitados. Es necesario aclarar que su opinión no era vinculante, pero, al tratarse de órganos dependientes del mismo obispado, solían ser tomadas en cuenta en las resoluciones finales del tribunal.

Las actuaciones de oficio fueron fruto de la supervisión del estado y de las necesidades de la diócesis por parte del obispo o de su vicario general. Su origen estuvo, con frecuencia, en informaciones llegadas a través de diferentes vías. El fiscal inicia múltiples procesos al detectar, por procedimientos como las visitas o ser avisado por algún vecino o religioso, que un matrimonio «se había separado de propia autoridad» (es decir, sin autorización del Tribunal Eclesiástico, el único que tenía capacidad para otorgar la separación o divorcio) y no mantenía vida maridable, viviendo separados, lo cual era una gravísima ofensa a la institución matrimonial y, por extensión, a la sociedad, ya que la base de la misma en el Antiguo Régimen estaba constituida por la familia. Así, en el caso del fiscal contra Domingo Martínez y Angela López de Paredes, la demanda se inicia de esta manera: «contra Domingo Martínez y su mujer, Angela López de Paredes, vecinos de Azagra, los cuales viven separados y sin hacer vida maridable, ya que la mujer ha huido a Estella, donde vive, indicando que tiene conocimiento de que a más de siete años que no mantienen vida maridable»[143].

En estos procesos, la demanda se inicia contra ambos miembros de la pareja, considerándolos igual de culpables del cese de la vida conyugal. Es en el interior del procedimiento donde cada una de las partes alegará sus razones personales para ello y, en los casos que nos ocupan en la presente investigación, se trataría de legalizar la situación *de facto* acreditando bien los malos tratos que justificaran la huida del hogar conyugal o la mala condición de la mujer, en su caso. Incluso, a veces, las acusaciones son mutuas, como en el proceso del fiscal contra Juan Martínez de Vidaurre, vecino de Arguiñano, el cual casó con Catalina de Azcona, vecina de Riezu, y viven separados sin hacer vida maridable con mutuas acusaciones de los dos cónyuges de crueldad y malos tratos[144], o en el cursado contra Bernardo de Uzquita y Alarcón, junto con su mujer, Catalina de Arévalo y Eguía, los cuales viven separados sin hacer vida maridable. Tras mutuas acusaciones de malos tratos, se les manda juntarse y hacer vida común. Bernardo vuelve a separarse y su mujer le acusa de adulterio continuado y abandono de hogar[145].

---

[143] ADP, Sección Procesos Judiciales, C/546, n.º 36 de 1628.
[144] ADP, Sección Procesos Judiciales, C/653, n.º 17 de 1623.
[145] ADP, Sección Procesos Judiciales, C/623, n.º 18 de 1659.

No obstante, en la mayoría de los casos estudiados es la mujer la que alega el maltrato como razón de abandono del domicilio familiar, y el marido, en su defensa y como razonamiento, alega que la mujer «es de natural áspero» o de «condición áspera e insufrible y de no tratarle con el respeto que merece como marido». En definitiva, que la mujer no se adecua al modelo establecido de comportamiento de perfecta casada de acuerdo con los estándares sociales y morales de la época y el esposo está en su derecho de corregirla. Los procuradores de los cónyuges agresores realizan sus escritos tratando de justificar el comportamiento como el esperado en un esposo que debe corregir y educar a su mujer y dando la vuelta a la acusación.

La posición de los fiscales es, en la mayoría de los casos, favorable a mantener el matrimonio y la vuelta a la convivencia con las debidas cautelas, buscando favorecer la indisolubilidad del sacramento del matrimonio por encima de todo, y en los expedientes encontramos numerosos documentos en los que se solicita a las partes y al tribunal que decrete amonestaciones o excomuniones si reiteran su actitud e insisten en vivir separados, incumpliendo sus votos matrimoniales y su compromiso social, con la Iglesia y con Dios. Así, se realizan comunicaciones con fórmulas semejantes a este ejemplo en el que el fiscal insiste en que retomen la vida marital y que no actúen «contra las conciencias de los susodichos y contra el bien público y consideración de dicho matrimonio»[146].

En los expedientes en los que son consultados los fiscales, se suele encontrar un consejo negativo a conceder el divorcio o la separación con frases duras sobre el castigo del alma y el incumplimiento del mandato divino, se previene a los demandados de los peligros de vivir con «poco temor de Dios y gran peligro de condenación»[147]. Incluso en muchas ocasiones se adjuntan escritos de clérigos, curas de las parroquias u otros religiosos conminando a la pareja a regresar a la convivencia y amenazando con excomunión.

La propia experiencia de lectura de los expedientes nos hace pensar que estas amenazas, junto con las excomuniones, tenían poca relevancia para los litigantes, que solían persistir en sus actitudes incluso pasados los años, como se ve en este proceso, en el cual:

la fiscal queja contra Martín de Elorriaga y su mujer María Manuela de Burgoa, vecinos de San Sebastián, los cuales, estando casados *in facie eclesiae*, se han separado

---

[146] ADP, Sección Procesos Judiciales, C/166, n.º 5 de 1600.
[147] ADP, Sección Procesos Judiciales, C/367 n.º 15 de 1639.

por su propia autoridad. María Manuela solicita la separación matrimonial, acusando a su marido de crueldad y amenazas de muerte que le impiden vivir junto a él. Se manda que la mujer sea depositada en una casa particular o convento, siguiéndose numerosas discusiones y apelaciones sobre ello y sobre la cuantía de la pensión que le debe pagar el marido. Finalmente, se reanuda el pleito principal y María Manuela es condenada a volver a casa y compañía de su marido. Apelación de la sentencia, que es confirmada en 2.ª y 3.ª instancia, negándose a cumplirla a pesar de las excomuniones y censuras fulminadas contra ella. A los siete años de haberse comenzado el pleito, termina sin que se hubiera logrado reunir al matrimonio[148].

Sin embargo, a veces, si a través del proceso judicial se demuestran los malos tratos y el fiscal entiende que la vida de la mujer corre serio peligro de muerte, puede apoyar que sea depositada donde conviniere, alejada de su esposo y mantenida con alimentos por este.

No deberíamos caer en la tentación de pensar que los fiscales eran seres insensibles ante los daños y agresiones sufridos por las mujeres, aunque es necesario mencionar una vez más el clima generalizado de violencia y la aplicación del derecho de corrección y educación del hombre sobre la mujer. Su objetivo principal era defender la indisolubilidad del matrimonio como bien máximo y propiedad esencial de la institución, que viene dada no solo por la doctrina conciliar de Trento, sino que basa su origen en los propios textos bíblicos: la unión matrimonial es indisoluble: «Lo que Dios ha unido, que no lo separe el hombre» (Mc 10, 9).

6.5. CONSECUENCIAS JURÍDICAS: SEPARACIÓN Y DIVORCIO

Por su especial relevancia jurídica, las consecuencias legales de la separación y divorcio merecen un especial tratamiento. En la Edad Moderna, el matrimonio constituye la única unión legítima entre hombre y mujer, aunque el concubinato y el amancebamiento eran prácticas habituales y socialmente consentidas, sobre todo entre las clases más altas. La Iglesia consigue obtener la capacidad única de decisión sobre la institución matrimonial aislando al poder civil y a partir del Concilio de Trento legisla cada punto de los casamientos. Dicha reglamentación es aceptada por el poder secular y por

---

[148] ADP, Sección Procesos Judiciales, C/1395, n.º1 de 1703.

la sociedad, y será la estructura principal sobre la que se asienta la familia, como núcleo social de la época, unidad de producción económica y de reproducción biológica y social que garantizaba la continuidad de los apellidos y la perpetuación de los linajes y las haciendas. El marcado carácter consensual de la institución nace del derecho romano y se basa en el asentimiento o consentimiento para recibir a otra persona como cónyuge, sumando a esto la bendición de la Iglesia, y el testimonio de los asistentes le dotan de publicidad para legalizar completamente la unión[149].

El segundo elemento relevante de la institución matrimonial es su indisolubilidad. Si el matrimonio es indisoluble y esto es consustancial a su propia naturaleza, según lo entiende la legislación eclesiástica y tal como lo declara el Concilio de Trento[150], entonces ¿cómo es posible que los tribunales eclesiásticos dictaran la separación y divorcio en sus sentencias?

En principio, tan solo la muerte de uno de los esposos disolvía el vínculo conyugal y autorizaba al cónyuge *supervivens* a casarse de nuevo. Pero incluso estos casos estaban mal vistos y en la época eran habituales las cencerradas y coplas, sobre todo en las áreas rurales, a los viudos o viudas que contraían nuevas nupcias, sobre todo si era con personas más jóvenes o ajenas a la comunidad. Los motivos de esto pueden ser dispares, y podemos señalar como posibles la queja contra las desigualdades del matrimonio y el menoscabo de oportunidades para casarse de alguien joven y soltero, traducido como una especia de pérdida en el mercado matrimonial. Pero también podían darse por otra infinidad de motivos, como que alguno de los cónyuges fuera foráneo o celos ante la pérdida de la persona amada[151].

La separación y divorcio según se entienden en la legislación de la época difiere en lo sustancial de la actual, ya que comprende únicamente el cese de la vida maridable, de la cohabitación y la separación del lecho y de la casa, pero el vínculo sagrado del matrimonio seguía existiendo como tal. Los casos de separación autorizados por los tribunales se debieron, sobre todo, a malos tratos con grave peligro de muerte para la mujer dentro del matrimonio, adulterios y vicios del consentimiento[152].

---

[149] R. Jimeno Aranguren y G. Monreal Zia, «Naturaleza y estructura del matrimonio y otras uniones afines en el derecho histórico español, con especial atención a Navarra», *Príncipe de Viana*, 250, 2010, pp. 501-538.

[150] Canon 7 sobre el sacramento del matrimonio, en la sesión XXIV.

[151] J. Ruiz Astiz, *Violencia y conflictividad comunitaria en la Navarra de la Edad Moderna*, Pamplona, Gobierno de Navarra, 2015, pp. 131-135.

[152] R. Jimeno Aranguren, *Matrimonio y otras uniones...*, *op. cit.*, pp. 349-359.

Como se ha visto en el epígrafe anterior, el fiscal y, en general, los tribunales optaban por defender el matrimonio y negarse a conceder la separación, aludiendo a la paz social y a la convivencia como causa primera, además de a la legalidad y al imperativo divino.

Pero no solo la legislación canónica abogaba por el mantenimiento del matrimonio y de la vida maridable, el Fuero General de Navarra, principal legislación del antiguo Reyno de Navarra y todavía aplicable en gran parte en la época que compete a la presente investigación, recoge lo siguiente:

> Si tiempo después de celebrado el casamiento la mujer decidiera seguir su propio camino y abandonar a su esposo y el hogar, el marido «podrá embargar a sus tres fiadores y será conducida a casa del marido». Si de nuevo la mujer se va de casa, los fiadores volverán a llevarla al umbral de la puerta de su casa y allí la dejarán. Pero si la esposa sigue sin querer vivir con su esposo, este enviará a buscar a los parientes de ella, al menos tres, y junto a tres suyos y otros tres vecinos de la villa, se reunirán y explicarán cómo ha sido su vida en común y hablarán sobre el matrimonio. Si los pudieran conciliar, bien, y si no, se separarán y repartirán sus bienes. Cada uno se quedará con lo suyo y si hubiera bienes gananciales, los dividirán en dos partes iguales. Si tuvieran descendencia, la repartirán a medias si fuera número par y si el número es impar lo criarán a medias[153].

Esto justifica una gran tradición contraria a la separación y divorcio en Navarra, que, sin duda, hubo de tener gran relevancia e influir en las sentencias del Tribunal Eclesiástico y la posición del fiscal, a la hora de conceder y autorizar el cese de la vida conjunta tan solo en casos de gravedad extrema. Esto puede explicar que en ocasiones la separación se otorga temporalmente solo por una serie de años, aunque hay otros muchos casos en los que se declara a perpetuidad. Una vez terminado ese plazo, debería retomarse la vida maridable o iniciar un nuevo litigio.

La principal consecuencia a nivel económico de la declaración de separación y divorcio era la necesidad de sustento y habitación de la mujer, mediante la fijación de alimentos, devolución de la dote y el ajuar y decreto de un nuevo lugar de residencia, ya que, al mantenerse el vínculo matrimonial en vigor y estar jurídicamente la mujer supeditada al hombre, no tenía libertad de domicilio. Esto último podía hacerse de varias maneras,

---

[153] Fuero General de Navarra, L4 T1 C1.

mediante el depósito de la mujer en un convento, institución similar o casa de un familiar (habitualmente la de los padres o hermanos varones) o, en las menos de las ocasiones, mediante el usufructo legal de la casa familiar (que no implicaba la transmisión de la nuda propiedad en ningún modo, con lo que no podía legarse a los descendientes directos y herederos).

Los litigios por los alimentos y la devolución de dote y ajuar son en varias ocasiones incluso más largos y densos que los que juzgan y deciden la separación, y su duración alcanza años y años de escritos, reclamaciones por incumplimiento, peticiones, alegaciones y declaraciones varias. Contra ello, el marido, que era el obligado al mantenimiento de su esposa, alegaba en muchas ocasiones falta de ingresos suficientes, en forma de declaraciones de pobreza, que encontramos unidas a los procesos, o instancias para no disolver el patrimonio familiar o una hacienda que ya consideraba suya. Es lógico pensar que cuanto mayor fuera el caudal de esta dote y la calidad del ajuar (en el que se incluía no solo vestidos, sino sábanas, muebles para la casa y otros objetos suntuarios), más complicada sería su disolución y el pleito por ello tendría una mayor envergadura. El ajuar era realmente relevante, ya que el principal atavío de la lencería íntima (o única pieza superior) seguía siendo la camisa: cambiársela dos veces al mes o una vez por semana constituía algo normal y habitual, incluso entre quienes solo poseían una. Escaseaba la ropa interior, de tal modo que hasta la abundancia de la sabanería (marco también de apariencia externa), objeto de tanta atención en dotes y testamentos, se presentaba como símbolo de riqueza y limpieza higiénica y moral[154].

La supervivencia de las mujeres tras la separación en la que no se cumplía el pago de los alimentos constituye un objeto de estudio particular y que se aleja de la finalidad de esta investigación, pero quedarían bajo la caridad de familiares o de la Iglesia o instituciones similares que les procuraran el sustento y manutención, o se verían obligadas, como las viudas y otras mujeres que vivían solas tras la desintegración del núcleo doméstico por diversas causas, a intentar lograr sus propios recursos, lo que era ciertamente complicado teniendo en cuenta que no podían acceder al mercado laboral. El vacío legal en torno a esta figura, la mujer sola fuera de la tutela de un hombre o institución religiosa, causaría escándalo y vergüenza, pero es innegable decir que existía.

---

[154] J. M. Bartolomé, M. García Fernández y M.ª A. Sobaler Seco, *Modelos culturales en femenino...*, *op. cit.*, p. 82.

Un aspecto que no queda definido en las sentencias analizadas del Archivo Diocesano de Pamplona es la tutela de la mujer, que, aplicando la lógica jurídica de la época, se supone que se trasladaría del esposo (el *pater familias* que ostentaba hasta entonces su tutela y la patria potestad de los hijos) con el que ya no convivía, al hermano, padre, familiar en general, persona notable o de honestidad reconocida, o abadesa del convento del lugar de nueva residencia marcado en la sentencia mediante auto.

6.6. ESTUDIO DE LAS SENTENCIAS DE LOS PROCESOS JUDICIALES DE VIOLENCIA CONTRA LAS MUJERES DENTRO DEL MATRIMONIO

De todos los casos estudiados sobre violencia contra las mujeres dentro del matrimonio, nos encontramos con cincuenta y tres pleitos correspondientes al siglo XVII y treinta y ocho casos del siglo XVIII de los cuales se conserva sentencia, en los que se afirma o deniega la separación o divorcio[155]. Esto supone un 27,91 % sobre el total de procesos judiciales (recordamos que la cifra está calculada en 326) identificados como de violencia contra las mujeres. En este punto, se puede encontrar que han llegado hasta nuestros días un número lo suficientemente relevante como para extraer unas conclusiones interesantes. Recordemos que, tal como se ha citado, en ocasiones en lugar de una sentencia como tal dictada por el tribunal, el proceso llega a su fin con un acuerdo a convenio entre las partes o bien la sentencia no se ha conservado hasta nuestros días por diferentes motivos.

En el siglo XVII nos encontramos con una situación curiosa en cuanto a las sentencias que admiten la separación o divorcio (veinticinco) y aquellas que lo deniegan (veinticuatro), prácticamente el mismo porcentaje. Existen cuatro pleitos en los que se solicitaba la nulidad y así se admite. Además, las sentencias incluyen medidas de depósito permanente en tres ocasiones. Esta situación se invierte en el siglo XVIII sin que podamos precisar las causas: en treinta procesos se deniega la separación o divorcio, se admite en tan solo seis, y se declara la nulidad del matrimonio en dos ocasiones. La dureza del tribunal a la hora de dictar sentencia en la que obliga a mantener el vínculo

---

[155] El total de sentencias conservadas en casos donde se aprecia violencia contra las mujeres es de 109, como se ha indicado anteriormente. Los dieciocho casos restantes corresponden bien a pleitos por agresiones cometidas por miembros vinculados a la Iglesia, o a otras causas diferentes (promesas de matrimonio, incumplimientos, etc.).

matrimonial y la cohabitación a la pareja en la que ella ha alegado maltrato no parece justificada de ningún modo, ya que la lectura de los pleitos no hace pensar en una diferente situación una vez sucedido el cambio de siglo y las narraciones y pruebas testificales aportadas son muy similares.

Parece importante reseñar que en todos los casos (menos uno)[156] las sentencias con resolución positiva ante la demanda de separación y divorcio corresponden a pleitos iniciados por mujeres. Así como que no se observa una especial vinculación a los resultados de la sentencia en los procesos iniciados por el fiscal, que parece no condicionar la finalización del proceso. Por otro lado, resulta destacable que, en el caso de procesos iniciados por el varón, habitualmente reclamando que su esposa ya no convive con él y solicitando la reanudación de la vida maridable, la mayoría de las sentencias deniegan el permiso para la separación o divorcio.

Vamos a comenzar el estudio de estas sentencias y acuerdos de finalización de los expedientes, en razón a su temática general, según la catalogación propia del Archivo Diocesano de Pamplona, es decir: desavenencias, separación y divorcio, nulidad, malos tratos y un último epígrafe de otros casos donde englobaremos las promesas de matrimonio, impedimentos, exploro de la libertad, etc., que están separados de las categorías anteriores de forma propia en los catálogos elaborados por el archivo.

Es necesario tener en cuenta que, en muchos de los procesos, con similar idea a las medidas cautelares actuales de protección a la mujer, el auto de depósito y el derecho de alimentos y *litis expensas* se fijaba durante el proceso, con el fin de proteger la integridad física de la mujer. Cuando estas medidas eran temporales, solía incluirse un plazo determinado (en días o meses) en los que la mujer debía regresar a cohabitar con su esposo. Así, por ejemplo, se hace en el proceso de Magdalena de Erice contra Juanes de Gascue, su marido, el cual la somete continuamente a tan malos tratos que es imposible hacer vida maridable con él; por ello se ha retirado a casa de sus padres en Erice: se resuelve depositar a Magdalena de Erice por cuatro meses en un lugar seguro, mientras se juzga los malos tratos continuos a los que la somete su marido[157]. La adopción de una medida de depósito temporal no significaba que no fuera a decretarse en la sentencia la separación o divorcio, o a dictarse nuevo depósito por más tiempo en el momento final del pleito.

---

156 ADP, Sección Procesos Judiciales, C/1251, n.º 18 de 1688.
157 ADP, Sección Procesos Judiciales, C/412, n.º 3 de 1651.

De forma peculiar, encontramos casos de otras medidas de protección con un carácter especial: se dictan en estos procesos judiciales lo que hoy denominaríamos medidas de alejamiento como cautelares o complementarias a la sentencia final, de tal forma que se impelía al esposo a que «si dicha […] no tuviera por bien de perdonarle, no la inquiera ni perturbe ni moleste»[158] o bien se dictaba auto «inhibiendo a su marido para que no la hable, vea ni pase por la calle en donde mi parte viviere, pena de excomunión mayor»[159]. Se desconoce cómo se procedía al control del cumplimiento de esta medida por parte del esposo alejado y las penas por infringir estos autos de alejamiento no llegan más allá de la excomunión, que parece ser que no es demasiado efectiva por la gran cantidad de veces que aparece a lo largo de los procesos y no parece surtir el efecto previsto de amedrentar al incumplidor.

En cuanto a las sentencias de los casos de desavenencias, sin duda, los más numerosos, merecen un análisis detallado. En estos procesos, la mujer demanda al marido, o bien este a ella, por no hacer vida maridable y haberse ido de la casa familiar, por motivo de las agresiones y violencias sucedidas. En la inmensa mayoría de los casos (veintisiete sentencias denegatorias frente siete positivas) la sentencia ordena de nuevo al matrimonio juntarse y hacer vida maridable, aunque reconozca que ha existido el mal trato con la solicitud de fianzas al marido «de que tratará bien a la mujer» o pida un arrepentimiento en su comportamiento. En ocasiones, las fianzas son monetarias, como la que se impone a Pedro Rodero, cabo de escuadra de la ciudadela de Pamplona, de trescientos ducados[160], en cumplimiento de no reiterar los maltratos a su esposa Juana de Elgorriaga, una vez reanudada la vida maridable. Las sentencias suelen ser breves, apenas son un folio, con firma del tribunal incluida y, a diferencia de las actuales, no incluyen argumentación alguna que justifique la resolución tomada.

En las sentencias no se indican fundamentos de hecho o de derecho, como sucede en la actualidad, sino que tan solo incluyen la presentación del proceso, a modo identificativo, el fallo, y la fecha y orden a cumplir. Así, en el caso de Catalina de Alzórriz, vecina de Pamplona, contra su marido en segundas nupcias, Sebastián de Mélida, el cual «ha dado en perseguir y maltratar a la demandante, queriéndola matar y va jactándose de que el diablo

---

[158] ADP, Sección Procesos Judiciales, C/509, n.º 5 de 1626.
[159] ADP, Sección Procesos Judiciales, C/1882, n.º 22 de 1753.
[160] ADP, Sección Procesos Judiciales, C/680, n.º 8 de 1617.

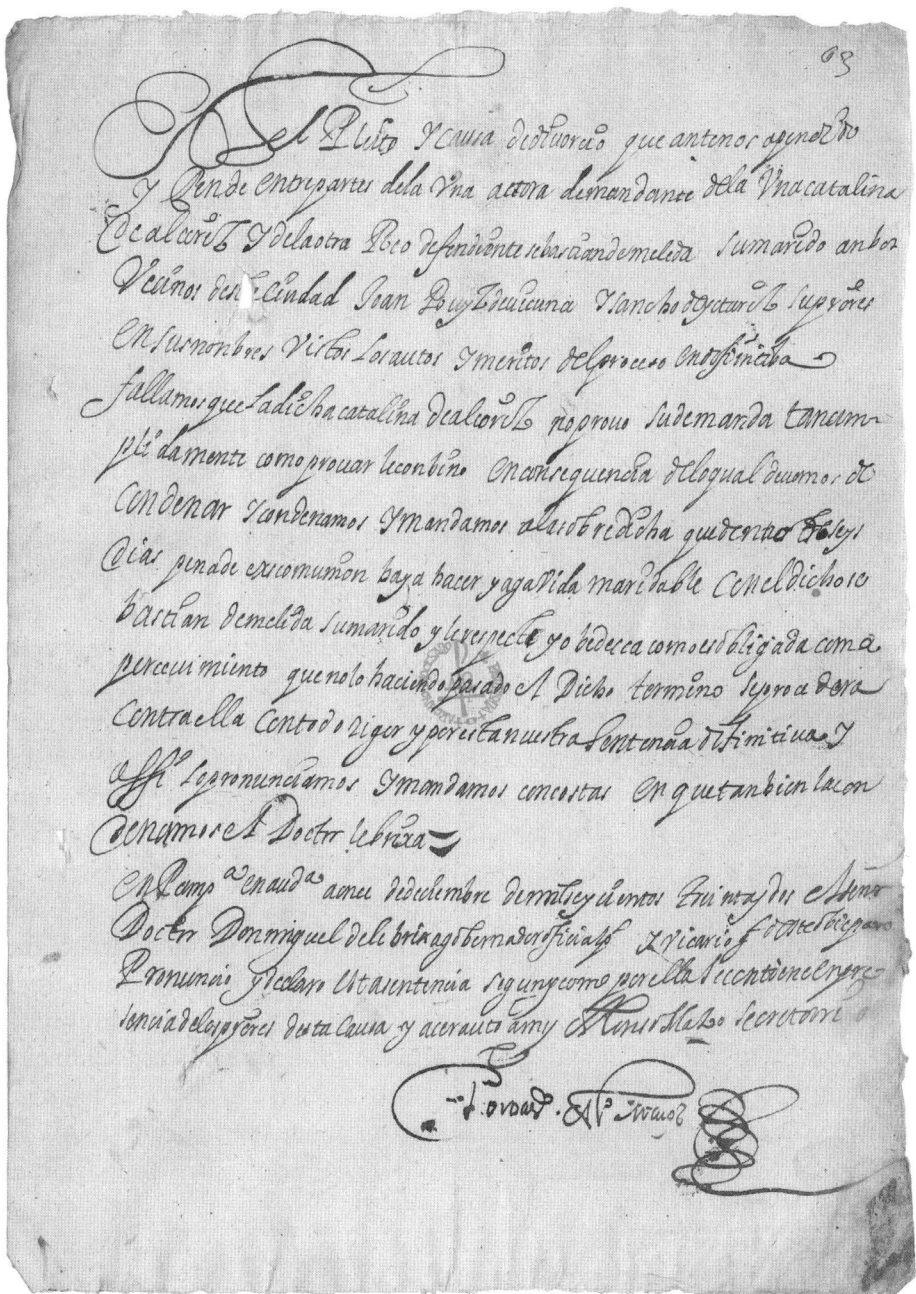

Imagen 3: Ejemplo de sentencia. Fuente: ADP, Sección Procesos, C/539, n.º 10, f. 63r.

le tienta los viernes a que mate a su mujer y que entre él y sus hijas, la han de matar ahogándola», se falla:

> Vistos los autos y méritos del proceso fallamos que la dicha Catalina [...] en consecuencia de lo tal debemos condenar y condenamos y mandamos sobre la dicha que dentro de tres días so pena de excomunión vaya a hacer y haga vida maridable con el dicho Sebastián de Mélida su marido y le respete y obedezca como es obligación con apercibimiento que no lo haciendo pasado el dicho término seguro se haga contra ella con todo el rigor y por esta nuestra sentencia[161].

Como se ve, para exhortar al cumplimiento de la sentencia se decretan también medidas accesorias de excomunión, que se reiteran a lo largo de todos los procesos y, como se ha dicho, parece ser que no tienen un gran poder coercitivo sobre la población. En el proceso de Juana Díez de Arizaleta contra su marido Pablo de Erauso, se encuentra otra medida especial de cumplimiento de sentencia. Aparece una carta de Thomas Sanz, vicario de la iglesia de San Miguel, que, cumpliendo lo indicado por el provisor en la sentencia, les cita a ambos en su casa para exhortarles a cumplir con los deberes del matrimonio y ellos quedan conformes en cumplirlos. Así, a las siete horas de la noche del 8 de noviembre de 1799 se juntan de nuevo para convivir maridablemente. El vicario acompaña a la mujer a la casa y él la recibe con amor. Pablo Erauso ha hecho diez días seguidos de ejercicios espirituales, se ha confesado y ha comulgado con devoción y fervor[162].

Uno de los pocos casos con sentencia que autoriza la separación recoge una solución intermedia, ya que se decreta que la demandante, Ana de Cizur, vaya a vivir con Juan de Cizur, su hermano, presbítero y abad, mediante auto de depósito. Y manda a su marido que le entregue toda la ropa blanca y vestidos necesarios para que pueda vivir, es decir, el ajuar del que dispondría la esposa en su antiguo hogar en su totalidad. Este caso es especialmente relevante por la gravedad de los malos tratos encausados, ya que los testigos ponen ejemplos que han visto en persona: «sin fundamento alguno la empezó a atropellarla y mal tratarla, dándole golpes y asiéndola para quererla ahogar echándole las manos para el cuello»[163].

---

[161] ADP, Sección Procesos Judiciales, C/539, n.º 10 de 1632.
[162] ADP, Sección Procesos Judiciales, C/2884, n.º 2 de 1799.
[163] ADP, Sección Procesos Judiciales, C/1205, n.º 6 de 1703.

En todos los casos de finalización del proceso mediante acuerdo, lo que se decide es reanudar la cohabitación y la vida maridable. Es lógico ya que los cónyuges no podían decidir *motu proprio* la separación o divorcio ni tan siquiera temporal, estando obligados, salvo autorización del Tribunal Eclesiástico que dirimía los problemas en el matrimonio, a vivir juntos una vez casados. Estos acuerdos se producían, en general, en términos similares a los que se recogen en el expediente de la demanda de Manuela de Murugarren, vecina de Villafranca, contra su marido Joseph Navarro, pidiendo la separación matrimonial a causa de las continuas sevicias y crueldades de que es objeto por parte de este. El acuerdo final reconoce que ha habido maltrato, pero deciden juntarse de nuevo para cohabitar. En su reconciliación se indica que han mediado para ello personas «principales y celosas de la paz». El esposo deberá comportarse bien y darle buena vida «sin ultrajarla en cosa alguna, sometiéndose en el caso de obrar lo contrario a purgar cualesquiera castigos y penas corporales y pecuniarios que se le impongan por los jueces que conocieran de la causa»[164]. En similares términos se recoge la finalización del pleito de Dña. Juana de Amundaráin, residente en Lacunza, contra su marido, D. Miguel de Berema:

> Es justo y razonable que vivan en paz y quietud, habiendo intervenido personas celosas al mayor servicio del señor, por el auto que han otorgado las partes ante el ¿vicario? de Urricelqui han determinado y confirmado ejecutivamente en juntarse ambos consortes haciendo vida maridable y apartándose por lo mismo de la instancia entablada perdonándose recíprocamente cualquier agravio y que viendo que aquella no tenga ni fuerza ni efecto alguno dando como han dado poder a los suplicantes [los procuradores que redactan el texto] para hacer este apartamiento[165].

En los pleitos catalogados como de separación y divorcio, las sentencias siguen la misma tónica analizada anteriormente, aunque la proporción de casos en los que se concede la separación es mucho mayor en el siglo XVII que en el XVIII, donde abundan las denegaciones, como se ha indicado anteriormente. Estas sentencias también son breves, como la del caso de pleito de separación que interpone Leonor Rodríguez contra su marido, Miguel Pérez de Amacuso, en la que se concede el divorcio y separación «dándoles facultad y fuerza para que todos los días de su vida puedan vivir separados

---

[164] ADP, Sección Procesos Judiciales, C/1882, n.º 19 de 1753.
[165] ADP, Sección Procesos Judiciales, C/2469, n.º 2 de 1783.

[...] sin que sean compelidos ni obligados a vivir ni cohabitar juntos»[166]. En semejantes términos se expresa el expediente de Juana de Beunza contra Ramón de Echavarren, también de separación, al indicar el tribunal que «hemos de declarar y declaramos divorcio entre las dichas partes en cuanto a cohabitación quedando el vínculo del matrimonio en su fuerza y permitimos que siempre que estuvieren conformes con voluntad puedan volver a cohabitar»[167]. Lo mismo sucede en el matrimonio de Ana María de la Peña y don Pedro Navarro y Aldeco, en el que se sentencia «divorcio perpetuo separándola para siempre de la compañía de dicho su marido»[168].

La devolución de la dote y la fijación de alimentos es habitual cuando se decreta la separación, para permitir a la mujer sobrevivir en una época en la que era casi imposible que se ganara su propio sustento. El importe correspondiente a los alimentos no es una tarifa fija, varía de acuerdo con nivel adquisitivo de los esposos, y para su comprensión nos remitimos al análisis efectuado en otros epígrafes anteriores.

La petición de nulidad es algo más compleja, ya que una sentencia positiva supondría reconocer que el matrimonio no existe o, incluso, no ha existido nunca, lo que se enfrenta de raíz con la doctrina conciliar de la indisolubilidad del matrimonio y el carácter sagrado del vínculo de la unión de los esposos. Por ello las sentencias que reconocen la nulidad del matrimonio hacen hincapié en vicios del consentimiento de los contrayentes[169], en la falta de consumación del mismo o en la conjunción de ambas variables, tal como sucede en el proceso en el que Martín de Urdalleta, vecino de Régil, queja contra María de Labaca, vecina de Goyaz: «Habiéndose casado estos *in facie eclesiae*, ella no ha querido cohabitar ni hacer vida maridable con su esposo y dice que el matrimonio fue nulo, al haber sido forzada por su familia, que la sometió a malos tratos y violencias»[170].

Como se ha visto hasta el momento, en muchas ocasiones la violencia contra las mujeres está incluida dentro de unas desavenencias del matrimonio o en las demandas de separación, divorcio o nulidad, pero hay casos en los que directamente se cataloga como malos tratos. Esto sucede no por la gravedad de los hechos en sí, sino porque lo que se solicita son medidas

---

[166] ADP, Sección Procesos Judiciales, C/475, n.º 23 de 1612.
[167] ADP, Sección Procesos Judiciales, C/495, n.º 4 de 1622.
[168] ADP, Sección Procesos Judiciales, C/805, n.º 7 de 1654.
[169] En lo que se refiere al presente estudio, hablamos evidentemente de violencia o agresiones cometidas para prestar el consentimiento, aunque los vicios en el consentimiento pueden ser de muy diversa índole.
[170] ADP, Sección Procesos Judiciales, C/367, n.º 15 de 1639.

de protección para la mujer y, principalmente, su depósito fuera del hogar familiar para preservar su vida. Así lo hace Magdalena de Erice en 1651, demandando a su esposo Juanes de Gascue, su marido, vecino de Arizu, «el cual la somete continuamente a tan malos tratos que es imposible hacer vida maridable con él; por ello se ha retirado a casa de sus padres en Erice. La demandante acusa a su marido de haber matado a su primera mujer. La sentencia manda depositar a Magdalena por cuatro meses en un lugar seguro»[171]. O Dña. María Laurencia de Sigueira, casada con un capitán del Ejército, que es depositada en el convento de San Bartolomé de San Sebastián, a causa de los malos tratos y crueldades que le ha dado «en los dos meses que llevan de matrimonio; le acusa de quererla envenenar y de haberle tirado un puñal», aunque, la sentencia final manda que «la esposa vuelva a la vida conyugal en el plazo de seis días»[172], situación que se mantiene en todos los casos de esta catalogación, no concediéndose la separación o divorcio en ninguna de las sentencias localizadas.

Finalmente, otras sentencias juzgan casos relativos a promesas de matrimonio, impedimentos, exploro de la libertad, etc. Estos se encuentran muy vinculados al consentimiento matrimonial, aunque tratan de una fase previa, ya que el matrimonio aún no se ha producido. Hablamos de casos de rapto, promesas de matrimonio que no llegan a cumplirse por estar logradas con fuerza y violencia, o consentimientos viciados por carecer de la libertad suficiente al estar bajo amenazas. Así, «Juan de Landa queja contra Juana Gastón, doncella del mismo lugar. Habiéndose dado ambos palabra de matrimonio, ella no quiere ahora cumplirla, presionada por su padre, Juan Gastón, que la tiene encerrada y atemorizada. Explorada la libertad de Juana, esta declara no tener voluntad de casarse con Landa. La sentencia, sin embargo, le condena a casarse con él en el término de diez días, pero más tarde llegan a un acuerdo para no hacerlo»[173]. En el pleito que interpone Catalina de Artola, vecina de Alegría, contra Miguel de Echazaeta, que lo es de Albístur, pidiendo la anulación del matrimonio, por haberlo contraído bajo amenazas, la sentencia declara bien contraído el matrimonio y les manda juntarse. Los padres de la demandante concertaron dicha unión matrimonial, con la oposición reiterada de ella y después de contraído, al

---

[171] ADP, Sección Procesos Judiciales, C/412, n.º 3 de 1651.
[172] ADP, Sección Procesos Judiciales, C/384, n.º 4 de 1644.
[173] ADP, Sección Procesos Judiciales, C/774, n.º 14 de 1646.

no querer ella consumarlo, fue amenazada de muerte por su padre con un hacha de hierro[174].

Indicamos en este punto uno de los pocos casos de violación encontrados en los procesos de violencia contra las mujeres analizados[175]:

> Francisca García, natural de Falces, contra Francisco Rodrigo, médico natural de Mendigorría. Estando la demandante en Pitillas, el médico se hospedó en su casa y comenzó a requebrarla de amores, y aunque ella se defendió una vez con la navaja, Rodrigo acabó privándola de su entereza y virginidad. Ahora, dejándola abandonada, trata de casarse con una de Cárcar. Puesto en la cárcel, Francisco accede a casarse con la demandante[176].

En estos casos, las sentencias son variadas y optan por diversas soluciones: mantener o anular el matrimonio, impeler a un casamiento, mantenimiento de los hijos nacidos en la relación y alimentos, o penas incluso de cárcel por el incumplimiento de la promesa matrimonial.

Es habitual que exista discordancia de las sentencias con los deseos de los intervinientes, sobre todo en los casos en los que la mujer solicita la separación o divorcio alegando malos tratos y estos se deniegan, o bien en los que se manda cohabitar a parejas que viven de largo tiempo separadas y no tienen ninguna intención de volver a vivir juntos. En estos casos, hay apelaciones, aunque en su mayoría se confirma la sentencia inicial, sobre todo cuando esta es de instar al matrimonio a realizar vida maridable. Por desgracia para nuestra investigación, muchas de estas apelaciones se han perdido y tan solo se conservan los escritos de los procuradores en los que se iniciaban o se indicaba al tribunal la intención de no acatar la sentencia y apelar. Estos extravíos de documentación pueden deberse a las causas habituales o bien porque estas apelaciones se remitían a tribunales de rango superior y no se encuentran custodiadas en el Archivo Diocesano de Pamplona. En todo caso, su estudio corresponde más al derecho procesal o canónico de la época que a la investigación de la violencia contra las mujeres en la Edad Moderna.

---

[174] ADP, Sección Procesos Judiciales, C/605, n.º 10 de 1641.

[175] Los casos en los que se habla directamente de violación son, como se indica, escasos, pero aquellos en los que bajo promesa de matrimonio que, claramente no se tiene intención de cumplir, se mantienen relaciones sexuales bajo un engaño, son, por otro lado, muy numerosos y tienen la consideración de estupro.

[176] ADP, Sección Procesos Judiciales, C/1525, n.º 27 de 1729.

VIOLENCIA EXTRACONYUGAL
CONTRA LAS MUJERES

7

7.1. CASUÍSTICA DE LA VIOLENCIA EXTRACONYUGAL CONTRA LA MUJER Y EJEMPLOS

Definimos violencia extraconyugal como aquella que se centra en las agresiones entre víctima y atacante que no están relacionados mediante un parentesco de vínculo matrimonial. Como ya se ha dicho, estos hechos competen a los tribunales eclesiásticos si alguno de los implicados es religioso o suceden en lugar sagrado; en el resto de los casos intervendría la jurisdicción civil. A diferencia de lo que encontramos dentro de la pareja, en estos sucesos, sí que se aprecian hechos que no solo implican violencia física, sino también psicológica, centrada esta en atacar el honor de la mujer y situarla de forma peyorativa en la sociedad mediante la burla o la llamada de atención de la comunidad sobre ella. En la Edad Moderna el honor era un valor tan importante que cualquier menoscabo de este tenía intensas y graves consecuencias sociales, por lo que las mujeres denunciaban estas actitudes ante los tribunales buscando proteger su reputación. Estos casos abarcan un amplio abanico que se intentará sintetizar para obtener una imagen global de los procesos judiciales que se dieron en los territorios bajo la jurisdicción de la diócesis de Pamplona en los siglos XVII y XVIII.

Así, dentro de la casuística de los procesos judiciales localizados en el Archivo Diocesano de Pamplona, se encuentran principalmente dos tipos de casos: violencia ejercida por religiosos, en sentido amplio de cualquier persona vinculada con la Iglesia, y las agresiones realizadas por otro tipo de familiares o vecinos de la mujer realizados en lugares sagrados (iglesias, ermitas u otros centros de culto).

Desde antiguo, las personas pertenecientes al estamento eclesiástico gozaban de una serie de diferencias respecto al común de la población. No podían ser juzgados por jueces y tribunales ordinarios y, de la misma manera, las causas en las que estuviera implicado un natural del Reino no podían ser juzgadas fuera de Navarra[177]. Igualmente, todos los actos que sucedían dentro de espacios físicos consagrados al culto (iglesias, parroquias, conventos, ermitas, etc.) se regían también por la Iglesia, aunque lo que se juzgaran fueran actos que no tuvieran que ver con la religión en sí. El fuero diferenciado al que estaban sometidos los religiosos y sus ámbitos era la jurisdicción eclesiástica, que contaba con sus propios tribunales y fiscales, bajo supervisión directa de Roma.

En la primera tipología que hemos establecido, denominada genéricamente «violencia ejercida por religiosos», es destacable, en primer lugar, el gran número de casos incoados directamente por el fiscal del Tribunal Eclesiástico, de oficio al tener conocimiento de los hechos por denuncias de terceros o investigaciones propias. En total, tenemos veintinueve expedientes judiciales encuadrados en este tipo de violencia, veintitrés pertenecientes al siglo XVII y seis al siglo XVIII. No es posible saber si esta ausencia de violencia ejercida por parte de personas vinculadas con el clero a partir de 1700 se debe a una reducción real de los casos de agresiones o bien, simplemente, a que estos no se han conservado hasta nuestros días.

Por citar algún ejemplo, en 1710 sucede el caso del fiscal contra Martín Pernaut, beneficiado de Lerga, «el cual, llevado de su recio natural, tiene continuas pesadumbres con los vecinos, a los que ha dejado atemorizados: a una mujer viuda del dio puñadas en la cabeza y pescuezo, resultando tan maltratada que hubo de guardar cama»[178]. En otras ocasiones, los fiscales inician el proceso judicial acompañados de la víctima, como sucede en el proceso en el que el fiscal y María de Remetaldeguía demandan D. Tomás de Galarreta, beneficiado del mismo lugar (Galarreta), «el cual, un día que la quejante volvía de misa, la esperó en casa de ella y con un palo le dio muchos golpes, dejándola maltratada y acardenalada»[179]. También es habitual encontrar al fiscal demandando junto con el esposo de la mujer violentada, como en el caso de fiscal y Miguel de Larequi, vecino de Induráin, contra D. Juan de Baigorri, presbítero del mismo lugar (Baigorri), «el cual agredió gravemente a la mujer del acusante, María Miguel Ezquer, dándole golpes y coces, cuando ella fue a decirle que no tocase los haces de una heredad»[180].

---

[177] M.ª D. Martínez Arce, *Aproximación a la justicia en Navarra…, op. cit.*, pp. 30-32.
[178] ADP, Sección Procesos Judiciales, C/1139, n.º 3 de 1710.
[179] ADP, Sección Procesos Judiciales, C/396, n.º 15 de 1651.
[180] ADP, Sección Procesos Judiciales, C/480, n.º 12 de 1614.

La presencia del fiscal como principal actor demandante nos da la idea de la gravedad que aprecia la sociedad en estos actos, que empañan la imagen y la función de la Iglesia, cuyos miembros debieran ser ejemplo de comportamiento para los feligreses. Además, suaviza la imagen del fiscal del Tribunal Diocesano, y de la institución en general, en cuanto a la defensa y empatía con la situación de la mujer ante las agresiones físicas y contra su honor y reputación, que pudiera derivarse de sus actuaciones en los casos de violencia intramatrimonial que se han visto en el capítulo anterior, aunque, como se ha dicho, estas se ocasionan por la defensa de la indisolubilidad del matrimonio como prioridad a proteger por la propia idiosincrasia de la institución.

Sin actuación del fiscal también existen casos en los que es la mujer, acompañada o no de un hombre, la que inicia directamente el proceso, lo que demuestra que este tipo de violencia tenía un tratamiento especial, por su gravedad moral, que permitía enfrentarse a la Iglesia, de forma poco común para la época y de una forma más directa. Así María de Endara, vecina de Lesaca, demanda a D. Pedro de Ubiría, beneficiado de la misma, «el cual, habiéndosele prohibido que abriera unas ventanas hacia el terreno de la demandante, plantó hortalizas en dicho terreno y al ir ella a arrancarlas, el acusado la arrojó violentamente, poniendo manos en ella»[181], o Juan de Láinez y su mujer, María Ruiz de Ceniceros, vecinos de Lerín, acusan a Juan López de Sevilla, beneficiado de su parroquial, el cual «injurió a la quejante diciéndole públicamente palabras ofensivas y dándole bofetadas». Uno de los testigos declara que Juan López la llamó *puta* y le dio dos bofetadas. El testigo defendió a la mujer, que «ya estaba llorando y sangrando»[182].

En ocasiones, aunque son las menos, son otros cargos públicos los que inician el proceso judicial, como en 1612 hace Sancho de Esquíroz, alcalde y juez ordinario de San Martín de Unx, contra D. Miguel de Navascués, beneficiado de su parroquial, «el cual, sin causa ni motivo alguno, insultó a la mujer del quejante, llamándola villana y desvergonzada e incluso puso manos en ella»[183]. En este tipo de acusaciones públicas vemos que la violencia se encuentra injustificada y que tiene una connotación peyorativa para la sociedad, no es un acto meramente íntimo entre dos personas, sino que es censurable a nivel de la comunidad.

---

[181] ADP, Sección Procesos Judiciales, C/298, n.º 30 de 1614.
[182] ADP, Sección Procesos Judiciales, C/1055, n.º 27 de 1661.
[183] ADP, Sección Procesos Judiciales, C/473, n.º 9 de 1612.

¿Cuáles son los motivos de estas agresiones? En la mayor parte de los casos hablamos de falta de acuerdo ante asuntos de la Iglesia, rencillas antiguas o casos de acceso de mal humor por parte del religioso, en cuyo caso, el proceso suele venir acompañado de otra serie de quejas de los fieles o del obispado contra el religioso (como relaciones íntimas con mujeres, excesos en el beber, faltas en la manera de vestir o comportamiento o incumplimiento de sus deberes para con la parroquia y los feligreses).

Las descripciones de las violencias, como ya se ha visto en el capítulo anterior, y en lo mostrado hasta el momento en esta investigación, suelen ser directas y concisas, desarrollando los hechos con multitud de detalles. Así el presbítero de Fuenterrabía «agredió a Catalina de Garay, vecina de la villa arrastrándola por el suelo, agarrada de los cabellos y diciéndole palabras muy ofensivas»[184], o la agresión a María Josepha Villarreal, a la que Miguel de Eraso, clérigo de menores ordenes, «agarró de los cabellos tirándola al suelo y dándole recios golpes en la cara y cuerpo, de lo que ha quedado acardenalada y gravemente enferma»[185]. Los elementos empleados en las agresiones están muy limitados por el contexto en el que suceden y, aunque puedan darse casos de golpes con palos o instrumentos similares, en la mayor parte de las ocasiones se habla de golpes con las manos, bofetadas, tirones de cabello y similares agresiones físicas.

Aunque se mencionen graves daños a la mujer, reprobables en todos los niveles, hay pocos casos que hablen de resultado de muerte, con lo que suponemos que las agresiones no llegaban a terminar con la vida de la mujer, aunque sí hemos podido encontrar algún homicidio, como el pleito en el que el fiscal acusa a Luis de Lizarazu, presbítero de Cáseda,« atribuyéndole la muerte violenta de su prima hermana, Josepha de Lasala, vecina de la villa, en cuya compañía vivía el acusado» (Josepha apareció ahogada en su cuarto, con múltiples heridas)[186]; o el caso de Martín de Sarasa, beneficiado de Ororbia, «el cual, el Sábado Santo, dio un golpe en la cabeza con un tizón a María de Aizcorbe, su ama, del que murió veinticuatro horas después, aunque acusado dice que ella murió de apoplejía y que el tizón no llegó a tocarle la cabeza, sino solo una chispa»[187], lo que nos hace pensar que, a pesar de ser algo poco común, en ocasiones sí se producía el resultado

---

[184] ADP, Sección Procesos Judiciales, C/520, n.º 17 de 1620.
[185] ADP, Sección Procesos Judiciales, C/1991, n.º 8 de 1756.
[186] ADP, Sección Procesos Judiciales, C/1138, n.º 11 de 1703.
[187] ADP, Sección Procesos Judiciales, C/314, n.º 23 de 1628.

de muerte por homicidio (o asesinato). Es necesario señalar que en caso de muerte los procesos derivados de estas acciones se custodian en el Archivo General de Navarra y no serían juzgados por la jurisdicción eclesiástica.

Es, precisamente, en las causas que originan las agresiones y malos tratos contra las mujeres donde se aprecia que no cobra importancia el hecho de ser mujer en sí, ya que en el Archivo Diocesano de Pamplona aparecen catalogados múltiples casos de agresiones a hombres, calificadas en general como «reyertas», muchísimo más habituales que los ataques al género femenino. Es decir, en cuanto a la motivación de la agresión ya no hablamos de un derecho de corrección o de una mala actuación previa de la mujer que justifique el hecho de la embestida, sino que lo importante es que esta se produce y sus consecuencias físicas o morales sobre la mujer. Porque, sí, ya no se penan únicamente los golpes, patadas o bofetadas, sino que el honor de las mujeres, dañado mediante injurias, difamaciones, burlas, expansión de rumores o malas palabras y otras acciones, también es objeto de protección especial.

De tal forma, vemos, que Ana María de Yarza, natural de Amézqueta, queja criminalmente contra D. Juan Bautista de Olaechea, presbítero natural de Baráibar y residente en Lezo, «el cual difamó gravísimamente a la quejante propagando la especie que Ana M.ª había salido embarazada de casa del acusado, donde había estado sirviendo y que se había sangrado dos veces para abortar; asimismo, D. Juan Bautista propaló un desliz que la quejante había tenido y lo mantenía en secreto»[188], o María de Lacarra, mujer de Juan de Arpide, vecina de Orexa, demanda a don Domingo Montes, rector de su parroquial, «el cual difamó a la quejante diciendo públicamente de ella varias palabras denigratorias y escandalosas»[189].

En este punto también entrarían las acusaciones de brujería, que buscaban menoscabar el honor de la mujer y situarla socialmente en desventaja frente a los vecinos. Son múltiples y encontramos muchos ejemplos, como en el caso de Josefa Mendíoroz, viuda, y su hijo, Juan Carlos Mugueta, vecinos de Turrillas, que quejan criminalmente de D. Miguel Francisco de Urniza, abad de Izánoz, «el cual ha difamado gravísimamente a la quejante esparciendo la especie de que es bruja. Josefa dice que el abad lo ha hecho en venganza por no haberle dado su voto cuando él pretendió la vicaría de

---

[188] ADP, Sección Procesos Judiciales, C/2482, n.º 5 en 1785.
[189] ADP, Sección Procesos Judiciales, C/2142, n.º 25 en 1751.

Turrillas»[190]. En una época, sobre todo el siglo XVII en el que abundan los procesos de brujería y más en el entorno de Navarra, ser acusada de bruja podía traer gravísimas consecuencias no solo ya sociales sino de intervención del tribunal de la Santa Inquisición. Una incriminación de este tipo era un hecho muy serio y que no podía pasarse por alto fácilmente.

Existen otro tipo de casos, que no por menos numerosos no son importantes a la hora de fijar unas conclusiones globales sobre la situación de la mujer en la época. En ocasiones, las agresiones son mutuas y el religioso y la mujer se ven enzarzados en peleas o riñas. Tal pasa en el caso del fiscal contra Catalina de Iriarte, vecina de Salinas de Oro, «la cual, habiendo coincidido en casa de la mesonera con D. Juan de Salinas y Eraso, beneficiado, le insultó gravemente y le dio con un palo en la cabeza, diciendo que, si lo tuviera en el regacho de Ustaldea, le cortaría la garganta. Pero D. Juan le respondió de la misma manera, con parecidas lindezas»[191].

Otras veces, las mujeres son daños colaterales de las rencillas que suceden entre otros vecinos, como en el caso donde Bernardo Díaz de Foronda, vecino de Azcoitia, encargado de la estafeta de la villa, demanda a Juan Francisco de Larrañaga, presbítero de su parroquial, el cual imputó al demandante «el haberle entregado una carta abierta, y habiéndose defendido este con buen modo y cortesía, Juan Francisco le dio de palos con un bastón que llevaba, haciendo lo mismo con la mujer y la hija de Bernardo»[192].

La casuística es muy diversa, como puede verse, y resulta complejo establecer unos cánones generales. Los múltiples casos de religiosos vinculados a actos de violencia contra las mujeres hacen reflexionar bastante sobre el carácter y psicología de los miembros de la Iglesia de la época, tan alejada de lo que se presupondría de acuerdo con su doctrina moral de cuidado y atención espiritual a su parroquia.

Una segunda tipología encontrada es la violencia ejercida por otro tipo de familiares o vecinos de la mujer contra ella en lugares sagrados. Esta es de una casuística mucho más amplia, y las causas de la violencia tan variopintas como complejas eran las relaciones sociales en la época. Recordemos que el final de la Edad Moderna es conocido por el grave problema de conflictividad social existente, a la que las autoridades intentaban enfrentarse de diversa forma, buscando una paz para la vecindad.

---

[190] ADP, Sección Procesos Judiciales, C/2346, n.º 14 de 1785.
[191] ADP, Sección Procesos Judiciales, C/723, n.º 34 de 1632.
[192] ADP, Sección Procesos Judiciales, C/1496, n.º 18 de 1722.

La mayor parte de las violencias descritas son físicas y basadas en rencillas anteriores a los hechos o en enfrentamientos hacia la mujer buscando ejercer la autoridad masculina, como Pedro Sánchez, un vecino de Mélida que «dio un puntapié en la boca del estómago, haciéndola rodar por las gradas abajo» a la mujer del sacristán por el simple hecho de que ella abrió las puertas la iglesia antes de tiempo[193]. Por conflictos en la iglesia también Juanes de Aranibar, vecino de Sumbilla, «agredió, dentro de la iglesia parroquial a Maria de Aranibar, mujer de Juanes de Latasa, dándole de golpes y mojicones, con derramamiento de sangre»[194].

Existe también algún caso en el que la violencia física se mezcla con otro tipo de prejuicios, que podían dirigirse también hacia varones, como el caso de Beatriz de Montoya, que solicita inmunidad eclesiástica tras ser sacada por la fuerza de la ermita de Santa Engracia en donde se había refugiado, a lo que el fiscal «alega que la susodicha era gitana y andaba encuadrillada con otros de su farándula, dedicada a robar. La sentencia manda que sea devuelta a sagrado». El defensor de la jurisdicción real, que busca que se revierta la inmunidad, dice que no le consta que Beatriz haya sido arrancada de sagrado con violencia ni tampoco que deba gozar de su protección, porque ha confesado que ha estado *encuadrillada* con otros de su etnia y que ha vivido sin domiciliarse en pueblo determinado, estando implicada en hurtos y robos. Y que «semejante género de gentes» buscan el lugar sagrado solo para asilo para con más voluntad ejecutar más maldades[195]. Un aspecto importante que se estableció en el siglo XVII fue la extracción de los delincuentes que se refugiaban en sagrado. Las Cortes de Navarra trataron este problema en 1632 y la legislación se concretó a partir de una petición de reparo y agravio y una ley en las Cortes de 1695. Un contrafuero hizo que «se practique esta especie de conocimiento de la forma que se practica en los Reinos de Castilla»[196]; y mediante una nueva ley, el reconocimiento de la inmunidad eclesiástica local quedó encomendado a los ministros de los tribunales reales «con la reserva de los recursos de fuerza y violencias al Consejo Supremo de este Reino»[197].

---

[193] ADP, Sección Procesos Judiciales, C/2197, n.º 20 de 1763.
[194] ADP, Sección Procesos Judiciales, C/518, n.º 18 de 1628.
[195] ADP, Sección Procesos Judiciales, C/1583, n.º 2 de 1740.
[196] Novísima Recopilación, libro II, tit. XIX, ley XXV (11 de 1695). AGN, Negocios Eclesiásticos, leg. 3, carps. 51, 52, 53 y 54.
[197] AGN, Actas Cortes, t. V, f. 194v, sesión del 9 de noviembre de 1695; Novísima Recopilación, libro II, tit. XIX, ley XXIV (21 de 1695).

A lo largo de la Edad Moderna uno de los atributos más definitorios como persona era su honorabilidad. Este último fue dañado y ultrajado de manera sistemática a través de diversas acciones subversivas. Y las mujeres fueron también protagonistas de dichas afrentas. Ello contribuyó a construir un imaginario colectivo negativo y pernicioso en torno al sexo femenino. Se centraba en criticar y sancionar desmanes morales de algunas mujeres, fueran casadas, solteras o viudas. La honra y la castidad eran comúnmente atacados mediante libelos, pasquines y también mediante coplillas cantadas que sobre todo denunciaban sus prácticas sexuales[198]. Estas coplas que dañaban el honor de las mujeres podían tener consecuencias en sus futuros casamientos, como sucede en el caso del proceso de incumplimiento de promesa de matrimonio de María de Sagredo contra Felipe Ramírez, en la que él resulta absuelto por «denunciar las relaciones que María tuvo con un mancebo cirujano llamado Perales, tan escandalosas que hasta los mozos sacaron coplas»[199].

7.2. CONSECUENCIAS JURÍDICAS

Como sucede en múltiples ocasiones, por desgracia no nos han llegado muchas sentencias de este tipo de casos, apenas diez, por lo que es preciso extraer las conclusiones de las consecuencias jurídicas de las agresiones con base en aquellos expedientes que están más completos. Además, muchos pleitos son juzgados en rebeldía, al haber huido el acusado del territorio de la diócesis, por lo que las condenas deben ser dictadas de forma distinta a si hubiera sido posible castigar al reo al momento de forma presencial, escuchando su testimonio y defensa.

Las probanzas de este tipo de procesos son sobre todo testificales y los testigos se llaman por las partes a declarar de la misma forma que en los procesos matrimoniales, es decir, mediante un cuestionario de breves preguntas a las que deben indicar su respuesta, que es recogida por escrito por el secretario judicial correspondiente al pleito. Los testigos son miembros de la comunidad que han presenciado los hechos o tenido conocimiento de estos por terceros. Podían haber estado presentes en las agresiones en lugares sagrados, haber presenciado las riñas o peleas o

---

[198] J. Ruiz Astiz, *La fuerza de la palabra...*, *op. cit.*, p. 85.
[199] ADP, Sección Procesos Judiciales, C/2081, n.º 9 de 1737.

escuchado los comentarios injuriosos y burlas, y sobre ellos tenían que explicar al tribunal lo sucedido. Son mucho menos numerosos que en los pleitos matrimoniales y los cuestionarios son más breves. Esto puede ser debido a los hechos juzgados en sí y no a la menor implicación de las partes.

En cuanto a las sentencias de agresiones producidas por miembros de la Iglesia, apenas siete han llegado hasta nuestros días (cinco correspondientes al siglo XVII y dos al XVII). Dejando de lado las sentencias absolutorias, en su mayoría por falta de pruebas, encontramos diversos castigos al culpable según la calificación y gravedad del delito. En los casos más graves, la pena era de prisión. Así a Luis de Lizarazu, presbítero, por la muerte de su prima hermana, se le condena en rebeldía a reclusión perpetua, suspensión y degradación[200]. A prisión también se condenará a Juan de Galarza, clérigo, por haber dado promesa de matrimonio a una joven y cuando esta quiso casarse con otro, la secuestró y amenazó[201].

Para otros casos más leves, existen condenas a destierro, como al de dos años al que se le condena a Juan López de Sevilla, beneficiado, «el cual injurió a la quejante diciéndole públicamente palabras ofensivas y dándole bofetadas»[202]. Transcribimos a continuación la sentencia de este pleito, por su especial importancia al unir diversas penas monetarias, de destierro, alejamiento y reclusión temporal parcial:

> debemos amonestar y amonestamos, mandar y mandamos, al dicho Juan López de Sevilla, acusado que de aquí en adelante, atendiendo a las obligaciones del estado sacerdotal que profesa, se reporte en sus acciones, reprimiendo la cólera con la que pone las manos en personas casadas ni cualesquiera otras por ser ajeno a su profesión, antes bien, tiene la obligación de aquietarse y poner paz entre los que tuviesen enemistades, como ministro de Dios que es, no como lo hizo en la persona de la dicha María Ruiz de Ceniceros, dándola de bofetadas y diciendo palabrotas malsonantes [...] condenamos al acusado en 30 ducados de pena [...] y dos años de destierro de la Villa de Lerín y tres leguas al contrario. [...] que cumplido el destierro en cuatro meses de reclusión en la Iglesia Parroquial de dicha Villa dos horas por la mañana y dos por la tarde sin falta de ello.

---

[200] ADP, Sección Procesos Judiciales, C/1138, n.º 11 de 1703.
[201] ADP, Sección Procesos Judiciales, C/908, n.º 15 de 1677.
[202] ADP, Sección Procesos Judiciales, C/1055, n.º 27 de 1661.

A veces, existe sentencia condenatoria, pero meramente formal, como en el caso en el que se juzga a Miguel Francisco de Urniza, abad de Izánoz, «el cual ha difamado gravísimamente a la quejante esparciendo la especie de que es bruja». En la sentencia, se le recriminan sus actos, se les condena a costas y se le dice que no dé motivos de queja. Sobre ella, se declara que es buena cristiana y que no hay dudas en ese concepto[203]. El delito puede no parecer grave a los ojos de hoy en día, pero no hay más que recordar las penas de la Inquisición a los considerados brujos para hacernos una idea de la acusación realizada y las consecuencias que podía tener. En Navarra, respecto a las penas impuestas en los procesos de brujería, el más conocido por su enorme impacto es el de la hoguera, pero existía un amplio abanico de penas con las que aplicar justicia. El castigo menos severo era el destierro. Pertenecían a esta misma categoría las penitencias pecuniarias, que consistían en ceder la propiedad o bien en imposición de multas. Los reconciliados, por su parte, vestían un sambenito durante un tiempo considerable, y cumplida la condena se colgaba el hábito en la iglesia parroquial. Los castigados quedaban excluidos de por vida de todos los puestos de importancia, tenían prohibido llevar armas, vestir seda o portar joyas, así como el montar a caballo. También quedaban al margen de los bienes comunes. En consideración a esto, la sentencia no parece dar una condena muy severa a la actuación del abad a pesar de que restaura el honor de la mujer[204].

Estas condenas a costas y el reconocimiento de los hechos por parte del tribunal son las más habituales en el caso de agresiones a mujeres de carácter leve y de delitos contra el honor, pero, como se ha mencionado, la escasez de las sentencias que han llegado hasta nuestros días, no permite sacar unas conclusiones firmes sobre las consecuencias jurídicas de las agresiones físicas o verbales a las mujeres por parte de quienes no estaban unidos mediante vínculo matrimonial con ellas, por lo que en la presente investigación nos limitamos a citar las sentencias localizadas y su carácter, para dar una impresión general.

---

[203] ADP, Sección Procesos Judiciales, C/2346, n.º 14 de 1785.
[204] Estudios realizados por Ricardo Gurbindo Gil, publicados en *Cuadernos de Etnología y Etnografía Navarra*, basados en los estudios previos de Julio Caro Baroja y Florencio Idoate, especialistas en la materia en el ámbito navarro.

LA RESISTENCIA FEMENINA
EN LA EDAD MODERNA
ANTE LA VIOLENCIA CONTRA LAS MUJERES

8

La visión clásica del universo femenino en la Edad Moderna, de mujeres recluidas en sus casas, sometidas a los esposos y hombres en general, sin apenas capacidad de relación social y limitadas al ámbito del trabajo para la supervivencia o bien al ornato, se ve superada por la posición de resistencia que ofrecieron muchas de estas mujeres ante las diversas agresiones que sufrían. La rebelión de las mujeres ante el rol aparentemente designado socialmente de sumisión se muestra de forma clara a lo largo de los pleitos judiciales que interponían para conseguir la libertad frente a un esposo que las maltrataba. Todas ellas, en algún momento de sus vidas, se negaron a seguir siendo reducidas a víctimas pasando a reclamar justicia y el derecho a vivir separadamente de su marido.

En un mundo en el que la violencia física estaba en general muy presente, según los cánones actuales, sobre todo en el ámbito doméstico y justificada por el poder total del *pater familias* sobre su mujer e hijos, resulta chocante encontrarnos con tal cantidad de demandas que basan la solicitud de separación en el hecho de la existencia de una fuerza física ejercida sobre la mujer. Además, los pleitos establecidos por agresiones realizadas por otros miembros de la comunidad y familiares nos muestran que el hecho de la tolerancia hacia la violencia no estaba tan generalmente admitido como podíamos pensar, y que ejercer un comportamiento violento sobre una mujer era denostado por la sociedad.

Las mujeres emplearon las posibilidades que tenían a su alcance para defenderse de esta violencia. Así, como se ha visto en los testimonios mostrados en la presente investigación, iniciaban demandas solicitando separaciones y alegando su propio malestar físico y psicológico, y también la protección de la integridad de su hacienda, patrimonio y dote, como medio de sustento. Muchas de ellas ponían primero tierra de por medio, huyendo de sus hogares y refugiándose en conventos o casas de familiares, llevándose apenas lo puesto y a sus hijos, lo que les exponía a grandes problemas económicos para su sustento y también a una opinión social negativa, ya que apenas existen datos de mujeres que vivieran solas, o, como habitualmente sucedía, se echaba la culpa al comportamiento de la mujer de que un matrimonio no funcionara, lo que afectaba a su imagen ante la comunidad.

En la Edad Moderna existía una larga tradición de resolver los problemas mediante el uso de la violencia y en el entorno íntimo, sin exponer ante el resto de la comunidad las miserias y los conflictos. Estas mujeres demostraban gran valentía realizando unos testimonios que, si bien no eran públicos, sí se formulaban delante de personas ajenas a la familia, como el procurador y el secretario judicial, y al que tendrían acceso los miembros del tribunal y el fiscal, como mínimo.

Los malos tratos contra las mujeres fueron una realidad. No hace falta más que releer los testimonios que nos dejaron estas mujeres de hace más de tres siglos para ver su situación, pero no por ello los asumieron sin más, sino que se enfrentaron a sus esposos y, posiblemente, a parte de la sociedad, buscando mejorar su situación. Las referencias a la violencia económica y psicológica son también constantes, lo que nos da una idea de que eran perfectamente conscientes de sus derechos tanto en lo material como a su honor e integridad moral. Los procesos judiciales eran largos y costosos y su vida doméstica y momentos más particulares y dolorosos quedaban expuestos a las personas que conformaban el tribunal, al fiscal y a los procuradores, de forma que, además se exigía una especie de valentía para afrontar esta exhibición íntima posiblemente poco común. Uno de estos ejemplos son las demandas en las que aparecen, además de las violencias, los adulterios, en los que salen a la luz amancebamientos de incluso años, como así le sucedió a Juana de Argarate, vecina de Aranaz, que demandó a su marido Blasio de Iriarte, «el cual, además de malos tratos y sevicias que dio a la demandante, hace 16 años que la abandonó y ha vivido en Guipúzcoa, amancebado con otras mujeres»[205], o a María Magdalena de Ibarguen, que abandonó la casa de Juan Marcos de Beortegui, maestro apotecario natural de Urroz Villa y residente en Irún, y pide «la separación a causa de la continua infidelidad de su marido, que ha vivido amancebado con otra mujer, así como por los malos tratos y crueldades que ha prodigado a la suya»[206].

---

[205] ADP, Sección Procesos Judiciales, C/708, n.º 9 de 1629.

[206] ADP, Sección Procesos Judiciales, C/1771, n.º 23 de 1724.

Los matrimonios de conveniencia, pactados por los progenitores y en los que en algunas ocasiones se realizaban coacciones en forma de amenazas o violencia para que fueran contraídos pese a la negativa inicial de los futuros cónyuges, eran situaciones que también las mujeres (y los hombres) denunciaban. Estaban en este momento demostrando subversión al poder patriarcial mediante la interposición de la demanda y, al mismo tiempo, enfrentando a la sociedad a una de las prácticas más comunes frente al matrimonio y que tantos problemas traía a lo largo de la vida de la pareja: los matrimonios pactados por los progenitores sin consentimiento de los futuros cónyuges, sin amor, y, muchas veces, sin que tan siquiera se conocieran. No solo denunciaban la violencia ejercida en sí, sino una situación que las convertía en mercancía para pactos familiares y aseguramiento de posiciones sociales.

Las demandas en las que se solicita la anulación del matrimonio, bien por falta de consentimiento o bien por consentimiento viciado por las coacciones mencionadas, muestran de nuevo una repulsión a la violencia y al ejercicio del poder desmedido sobre la vida de la mujer. Cierto es que la Pragmática de 1776, denominada «Pragmática Sanción para evitar el abuso de contraer matrimonios desiguales», sancionada por Carlos III, obligaba a recabar el consentimiento de los padres para la validez del matrimonio frente a la situación anterior, donde era solo necesaria la aquiescencia de los futuros esposos, pero, aun así, el consentimiento para el matrimonio muchas veces era viciado en cuanto a la forma en la que se había obtenido.

Y estas situaciones parecen afectar a toda la sociedad. Cierto es que pocos expedientes procesales dan datos socioeconómicos o laborales de los litigantes, pero en varios de ellos se indica la profesión o la pertenencia a determinada casa, o bien se dan pistas de una cierta clase social al referir los importes a pagar de alimentos, devoluciones de dotes, herencias o bienes. En los procesos analizados tan solo encontramos cinco pleitos contra miembros considerados «nobles», dueños de palacios, cargos públicos, etc. En muchos de los expedientes judiciales, en los que el tema económico es más importante por la calidad de las partes, aparecen anexados los contratos de esponsales, declaraciones de bienes raíces o inventarios de haciendas, que aportan datos, sin duda, importantes. En un primer momento, sería fácil pensar que tan solo las clases más pudientes podrían hacer frente a los gastos de un proceso, sin duda, costoso, pero, por otro lado, a la alta sociedad le lastra participar en un litigio al exponer su intimidad al juicio de ojos ajenos. Se desconoce el porcentaje real por clase social que pudieran litigar, pero en el análisis de los casos se aprecia que mujeres de toda condición se enfrentaban a sus esposos. Tenemos así a María de Larrea, que solicita la declaración de nulidad de su matrimonio con Bernat de Sagüés, pellejero de la ciudad[207] o a Isabel de Armendáriz, que hace lo propio de su marido Miguel de Lecumberri, molinero del molino de Huarte[208], pero también a Juana de Leránoz, demandando a Juanes de Linzoáin, dueño de la casa Alzatearena[209], o a María Luisa de Arezpacochaga, que pleitea contra su marido el gobernador Nicolás de Yarza, vecino de Urnieta, pidiendo la separación matrimonial a causa de los malos tratos y crueldades de que era objeto por parte de él[210].

También destacan las numerosas veces en las que las mujeres acudían solas ante los tribunales, sin la protección de un varón en forma de padre, familiar o fiscal. Ya se ha visto la alta cifra de demandas iniciadas solamente por mujeres, reclamando la separación o divorcio, o denunciando agresiones cometidas por miembros de la Iglesia. Parecen no necesitar el amparo masculino para protegerse de la violencia, aunque muchas veces cuentan también con él, en forma de vivienda donde refugiarse o manutención recibida durante los pleitos.

De la misma forma, la sociedad no parece estar dispuesta a tolerar estos comportamientos, o al menos, los que resultaran más graves, y es por ello por lo que vecinos, amigos y familiares, recogen y socorren a estas mujeres en las peores situaciones y se acercan testigos a los tribunales a declarar y aportar sus testimonios para defenderlas. Incluso, en algunos ocasiones, ellos mismos iniciaban las demandas en casos de violencia ejercida por miembros de la Iglesia, como hicieron «los jurados y vecinos de Berriozar, contra D. Pedro de Lizarraga, ya que el día en que celebraron la consagración de la iglesia dio a su ama en la cabeza con un manojo de llaves, hiriéndola y violando el lugar sagrado»[211].

La posible insensibilidad ante las situaciones de violencia doméstica y social que se le pudiera achacar tanto a la comunidad como a la Iglesia, queda probado que no es de tanta enormidad como pudiera pensarse en un primer momento, ya que tanto el fiscal como los propios tribunales eclesiásticos tomaban ciertas medidas de protección para la mujer, como los depósitos, temporales o permanentes; los autos por los que prohibían a los

---

[207] ADP, Sección Procesos Judiciales, C/217, n.º 15 de 1608.
[208] ADP, Sección Procesos Judiciales, C/1294, n.º 15 de 1677.
[209] ADP, Sección Procesos Judiciales, C/633, n.º 19 de 1623.
[210] ADP, Sección Procesos Judiciales, C/1190, n.º 3 de 1698.
[211] ADP, Sección Procesos Judiciales, C/401, n.º 187 de 1649.

maridos acercarse o molestar a las mujeres; las excomuniones impeliendo a cumplir las sentencias; restituciones de dotes; pagos de alimentos, etc. A los ojos de hoy en día pueden parecer medidas escasas o inútiles que en muchos casos incluso penalizaban a la mujer agredida, pero es necesario verlo con la sociedad y la mirada de los siglos XVII y XVIII para comprender cuán importante era decretar una separación o un depósito en una casa de su elección.

En resumen, podemos agrupar la resistencia femenina ante la violencia de género en tres actitudes diferencias e igualmente importantes. Por un lado, tenemos el hecho de la presentación de la demanda en forma directa alegando los malos tratos y exponiendo su vida íntima ante el tribunal, bien en forma directa o como defensa ante la solicitud del fiscal o el esposo de reanudar una cohabitación que se había roto. Por otro, las diversas medidas accesorias que toma la mujer para protegerse tanto físicamente (huida del hogar, refugio en otra vivienda) como económicamente (reclamación de alimentos y devolución de la dote). Y para finalizar, la insistencia y mantenimiento de la posición de defensa frente a las negativas de los tribunales, que, en última instancia las llevaba a desobedecer la sentencia dictada en contra de la separación o divorcio, a pesar de las amenazas de excomunión o multas pecuniarias. Podemos observar estas resistencias en el proceso que inicia María Agustina de Iriarte y que se desgrana en el capítulo siguiente.

LA HISTORIA DE MARÍA AGUSTINA DE IRIARTE: PROCESO CONTRA JUAN BAUTISTA DE TELLECHEA

9

RESUMEN

M.ª Agustina de Iriarte, natural de Hernani, contra su marido Juan Bautista de Tellechea, que lo es de Erasun, ambos residentes en Echauri, con el oficio de cerero y confitero. Al poco tiempo de contraer matrimonio, Tellechea comenzó a tratar a su mujer con aspereza y violencia, llegando en ocasiones a tal punto que temió por su vida, por lo que se ha visto precisada a salir de casa y compañía de su marido y pedir la separación matrimonial. Juan Bautista niega las acusaciones de su mujer y presenta quejas contra esta. María Agustina pasó a residir a San Sebastián, donde nació su hijo y Juan Bautista pasó a la de Segorbe, como oficial de la Renta de Tabaco. Aunque la sentencia les manda juntarse y cohabitar, diez años más tarde no lo han cumplido. Abundantes testigos, cartas[212].

A través de un proceso judicial es posible elaborar un completo relato de vida de épocas pasadas que nos permita, en gran medida, conocer la situación de las partes intervinientes. No disponemos de todos los datos, ni podemos profundizar más en los protagonistas, pero con conocimientos de historia y los testimonios que nos aporta un expediente de este tipo, se puede reconstruir la vida cotidiana y los sucesos de las personas implicadas. En el caso de la historia de las mujeres, tantas veces silenciada, resulta aún más interesante contar con su propia voz mediante los textos procesales en los que expone momentos íntimos y los sucesos de su vida.

Quizá el ejemplo más relevante de este tipo de uso de los textos procesales sea el libro *El queso y los gusanos: el cosmos según un molinero del siglo XVI* de Carlo Ginzburg, en el que a través del proceso de Domenico

---

[212] Descripción del proceso tomada del catálogo del Archivo Diocesano de Pamplona, volumen n.º 37, expediente 834.

Scandella, al que todos llaman Menocchio, se recrea la vida en el siglo XVI en Italia, las creencias religiosas, los grupúsculos protestantes y las herejías, además de mostrar el juicio en sí mismo. A partir del análisis de las creencias de Menocchio –finalmente declarado culpable y sentenciado a arder en la hoguera– y de los expedientes judiciales del caso, Carlo Ginzburg reconstruye un fragmento de la llamada cultura popular que se erige, por su singularidad, en símbolo de su tiempo y representación de la sociedad.

Un expediente judicial, que puede servir para ilustrar la violencia contra las mujeres en la Navarra de la Edad Moderna, es el proceso de separación y divorcio de María Agustina, a través de la transcripción de los documentos del caso y su análisis. La relevancia de este en concreto y el porqué de su elección para incluirlo en esta monografía vienen dados por la longitud (245 folios) y su extensión en el tiempo (el pleito tiene una duración de más de diez años), así como por la presencia en el mismo de documentos no puramente judiciales, como la carta manuscrita de la propia María Agustina que se conserva o el extenso detalle del ajuar. Además, pone en relevancia la resistencia femenina ante la violencia, ya que la sentencia jamás es acatada y siguen viviendo separados muchos años más tarde, así como la insistencia en el pleito, al no rendirse ante las reiteradas negativas del esposo a cubrir su manutención. Del mismo modo, recoge alguna de las medidas con las que el tribunal protegía a la mujer ante estos casos de violencia, como se verá más adelante.

No se trata en este análisis de contrastar la veracidad de los hechos, o de realizar una investigación jurídica del proceso, sino de comprender y de poner en valor un relato de vida obtenido a través del expediente judicial. Para reconstruir la historia pasada, el historiador puede emplear diversas fuentes, literarias, artísticas, documentales y un largo etcétera, que permiten tener un conocimiento esencial de la historia social, concretamente, de la de las mujeres, más oculta y desconocida que la masculina, ya que no ostentaban poder ninguno.

Es necesario tener en cuenta que el lenguaje empleado es formal y, por tanto, perdemos la espontaneidad de una narración oral o escrita de forma personal, que pudiera aportarnos más matices. Por el contrario, una de las fortalezas de estos documentos es su precisión y detalle, así como el orden de los acontecimientos narrados y su coherencia. Tenemos frente a nosotros lo que el autor, a través de su procurador, quiere contar, con el objetivo de conseguir defender sus intereses en el pleito, lo que ya aporta un sesgo especial a su relato, no hay apreciaciones diferentes a su testimonio directo y no está contaminado con otras influencias.

A través de las páginas del proceso podemos observar la sinceridad y detalle con la que se cuentan las agresiones, reviviendo el horror del maltrato. También se puede constatar que no han cambiado tanto las cosas en los más de dos siglos transcurridos desde la historia de María Agustina: la violencia contra las mujeres sigue siendo una lacra y los tribunales muchas veces no reconocen las agresiones y castigan al culpable. Es necesario tener en cuenta que en estos procesos judiciales custodiados en el Archivo Diocesano de Pamplona tan solo se juzga la causa de divorcio. La agresión en sí, si se hubiera producido demanda, dependería de los tribunales reales.

María Agustina fue valiente, huyó y recompuso su vida, a pesar de quedarse sin dinero para mantenerse y sin tener ocasión de lograrlo de ninguna forma por las circunstancias del casi inexistente trabajo femenino en la época. Sin duda, sufriría rechazo social por su decisión y su nivel acomodado de vida bajaría notablemente. Pleitear costaba dinero y no todas las mujeres podían hacerlo, con lo que es de esperar que muchas causas quedaran sin juzgarse y tan solo hayan llegado hasta nuestros días aquellas que las mujeres mejor posicionadas económicamente pudieran plantear.

El proceso comienza en el año 1782, María Agustina está harta de tanto malvivir. Cuando conoció a Juan Bautista y este le pidió esponsales, creía que su vida iba a mejorar. Le conocía de los bailes del pueblo, aquellos que se celebraban durante las fiestas patronales y en los que tan felices se les veía a todos, no en vano Juan Bautista había nacido en el vecino pueblo navarro de Erasun, tan cercano a la *muga* con su Guipúzcoa natal. Le pidió hablar con sus padres un día de mercado, cuando apenas había pasado un año desde las fiestas, y se dieron las manos en público tras el beneplácito de sus padres y de arreglar el espinoso tema de la dote, lo que requirió muchas y largas conversaciones acompañadas de un buen vino en la casa familiar. María Agustina venía de buena familia y no quería prescindir de sus prebendas, pero Juan Bautista tenía un buen oficio en Echauri, pues era confitero y cerero, y allí se trasladó ella, pensando en su nueva y feliz vida de casada, que realmente duró tan poco...

Podemos creer que así pudo comenzar la historia de María Agustina, que en 1782 acude con un procurador al Tribunal Eclesiástico solicitando la separación matrimonial de su esposo Juan Bautista de Tellechea. El largo escrito de demanda de Agustina recoge más de tres folios de los malos tratos con gran cantidad de detalles: la golpeó y abofeteó, la hizo sangrar estando embarazada, la quemó con una pala luciente del brasero, la echó a la calle en pleno invierno... Hasta que un día, cuenta María Agustina por boca de su procurador, «sin hacerse cargo de la buena respuesta que recibía y del grande susto por mi parte, agarró del cuello y queriéndola ahogar significó en ese lance que la había de matar». Al intentar defenderse, María Agustina vio que cerca se encontraba un puñal: «de tal manera que tuvo mi parte la fortuna de levantarse y procurando quitar los instrumentos que la podrían perjudicar y de los que podría valerse su marido», bajó en camisa al zaguán y huyó.

Esta es la transcripción de su escrito de demanda, recogida en los folios 1 a 4 del expediente procesal:

Nicolás de Munárriz, procurador de María Agustina de Iriarte, natural de la villa de Hernani de la provincia de Guipúzcoa, en virtud de su poder especial que presenta y como de dicho mejor proceda pongo pedimento y demanda formal de divorcio a Juan Bautista de Tellechea, su marido, natural del [...] de Erasum y vecino del lugar de Echauri por lo contenido en los artículos siguientes:

1. Primeramente, que mi parte contrajo verdadero y legítimo matrimonio con el citado Juan bautista de Tellechea en la villa de Villava por el mes de marzo del año pasado de 1779, desde cuyo tiempo ha procurado darle gusto, viviendo con la mayor compostura y fidelidad, sin habérsele notado la menor cosa en contrario, como es público y notorio y dirán los testigos en cuanto supiesen de su razón.

2. Ítem que con ocasión de su profesión de cerero y confitero, el marido de mi parte, determinó para sacar su vida el pasar de residencia al lugar de Echauri, como efectivamente la practicó, teniendo mi parte en su compañía, pero a los tres meses en que así estaban casados, advirtió en él una suma desconfianza pues habiéndole pedido mi parte la llave de la botiga o [...] para dar unos recados a un Guarda de la Real Renta de Tabaco no se la quiso franquear y habiéndola repuesto mi parte que cómo habían de vivir y mantenerse si no acudían al despacho de su botiga fue lo mismo con esa prevención prudente el marido de mi parte que le levantó la mano pegándole con bastante exceso, como es público y notorio, y dirán los testigos en cuanto supieren, hubieren visto, oído o entendido en su razón.

3. Ítem que a los quince días del lance manifestado en el artículo antecedente, habiéndose puesto a comer mi parte con su marido sucedió el particular de que habiendo sacado a la mesa el potaje algo frío según supuso aquel, manifestó tenía mi parte la culpa de mantener a la criada que entonces les servía y tomando el cuchillo de la mesa el marido de mi parte, significó que no había de parar hasta hacer una muerte, en cuyo tiempo y al proferir estas palabras clavó el cuchillo

con la mayor cólera en la misma mesa, quedando mi parte absolutamente espantada de una acción tan impropia como próxima al riesgo que amenazaba, como es público y notorio y dirán los testigos en cuanto supieren, hubieren visto, oído o entendido en su razón.

4. Ítem que a los ocho meses y medio poco más o menos en que así estaban casados viviendo en la segunda casa que han ocupado en el lugar de Echauri, y dónde al presente se halla el marido de mi parte, sucedió que este en una noche empezó a dar varias patadas en la cama donde estaban acostados y habiéndole manifestado mi parte con la mayor humildad que por qué andaba de esa suerte, sin haberla hecho aprecio alguno, la cogió del cuello y queriéndola ahogar con fuerza y violencia, ocurrieron a los gritos que dio mi parte Pedro Miguel de Tellechea, hermano de dicho Juan Bautista y la criada que entonces tenían en casa y habiéndose prevenido por esta que aquel no era modo de vivir casados, respondió que nada les importaba y que con mil demonios se fuesen, como es público y notorio y dirán los testigos en cuanto supieren, hubieren visto, oído o entendido en su razón.

5. Ítem que hallándose en cama mi parte tres veces sangrada y muy adelantada en su preñado, le manifestó que cuánto se habían de usar las ropas que trajo dicho Juan Bautista, pero sin dar una respuesta alguna, cogió una pala que estaba saliente en el brasero y dirigiéndose a la cama que guardaba mi parte por entonces la pegó un golpe con la misma pala y con ella la quemó parte del cuello y habiendo ocurrido la criada a las voces la echó del cuarto, y al siguiente día la despidió de casa a hora intempestiva en tiempo de invierno, de manera que por ser fuera del pueblo la tuvo que recoger con caridad el párroco de Echauri, como es público y notorio y dirán los testigos en cuanto supiesen de su razón.

6. Ítem que a los tres meses del lance contenido en el artículo antecedente, sucedió que hallándose en la botiga o tienda, que tenían un plato de huevos moles, advirtió mi parte que se iba perdiendo, en cuyo tiempo manifestó a su marido que lo podían dar de regalo a alguno de los del lugar, pero habiéndole respondido que comiera de él si quisiera, se excusó de hacerlo y mediante esa excusación tomó reservadamente el marido de mi parte el plato y volviéndolo a los cuatro días lo dejó en el mismo sitio y lugar que antes ocupaba, y notando que lo había devuelto limpio, dijo que quién se lo había comido todo, y dijo mi parte que cómo podía decir semejante cosa, si le constaba lo contrario, más fue lo mismo oír esta respuesta que empezarla a pegar golpes y enviones, de los cuales rompió a mi parte

un pendiente de la oreja donde estaba colocado de manera que empezó a echar bastante sangre, con la que bañó un pañuelo, como es público y notorio y dirán los testigos en cuanto supieren, hubieren visto, oído o entendido en su razón.

7. Ítem que por el mes de abril del año pasado de 1781 habiendo ido a casa el marido de mi parte una noche sumamente colérico, le mandó ir a la cama y diciéndole que no se atrevía por verle tan enfadado, cuando debía estimar la respuesta, la empezó a dar golpes, de la suerte que con la violencia que lo hizo consiguió a mi parte echarla a la cama, rompiendo con el golpe la tabla que estaba a sus pies, como es público y notorio y dirán los testigos en cuanto supieren, hubieren visto, oído o entendido en su razón.

8. Ítem que el día jueves que llaman de [...] de este año a cosa de las tres y media de la tarde hallándose trabajando bizcochos el referido Juan Bautista manifestó sin el menor impedimento que por mi parte no acudían parroquianos a comprar y habiéndole manifiesto con la mayor humildad que no tenía razón en ello mi parte, la hirió con unas tenazas con toda la violencia, de manera que no habiéndola acertado bien, pegaron en la pared y se torcieron, no contento con esto la siguió y agarrándola de los cabellos, estando mi parte a la sazón de rodillas, la sacó una porción de ellos, y para mayor desprecio y vilipendio los quemó, como es público y notorio y dirán los testigos en cuanto supieren, hubieren visto, oído o entendido en su razón.

9. Ítem que el sábado anterior al segundo domingo de la última Cuaresma empezó entre dos luces el marido de mi parte a cantar varias canciones equivocadas, dándole a entender en todas ellas que mi parte se valía de alcahuetas y diciéndole con modo que lo que así cantaba era por haberse encontrado mi parte en la calle, con la dueña de la casa de Joaquín de Echauri y que lo causó el no haber llegado a misa, y que si la encontró en la calle fue porque mi parte andaba en busca de una persona de satisfacción que entregándole cuatro pesetas la llevara de esa ciudad dos libras de pimienta para el surtimiento de la botiga, sin entender este razonamiento el marido de mi parte la quiso dar con un ladrillo y por haberse acercado a una ventana, dejó de hacerlo, temeroso de que se lo notasen, como es público y notorio y dirán los testigos en cuanto supiesen de su razón.

10. Ítem que inmediatamente en que sucedió el lance contenido en el artículo antecedente, salió de casa el marido de mi parte y pasó a la del referido Joaquín de Echauri donde se mantuvo hasta las diez de la noche del mismo día.

Pasado el tiempo volvió a casa y luego que entró en ella previno a mi parte se acostase, sin embargo, según sus costumbres lo hacía él antes, y obedeciendo temerosa ese mandato, con el mismo temor que no la tomase el sueño y habiendo estado de esa suerte hasta las doce, le preguntó su marido que qué hora era y respondiéndole mi parte que las doce y media, le dijo entonces con toda severidad que cuándo quería morir, y respondiéndole mi parte con toda humildad, llena de congoja y aflicción, que cuando su Divina Majestad quisiera llamarla para sí, sin hacerse cargo de esa buena respuesta y del grande susto que recibía mi parte, la agarró del cuello, y queriéndola ahogar, significó en ese lance que luego la había de matar si encontraba un puñal, de manera que tuvo mi parte la fortuna de levantarse y procurando quitar los instrumentos que la podrían perjudicar y de los que podría valerse su marido, bajó en camisa al zaguán y entre este y la puerta de la escalera la pasó en esa forma hasta las cinco de la mañana del día siguiente domingo, como es público y notorio y dirán los testigos en cuanto supieren, hubieren visto, oído o entendido en su razón.

11. Ítem que viendo mi parte el próximo peligro que la amenazaba, de que le quitase la vida su marido, y perseguida que le ha dado durante su matrimonio siendo continuadas sus desavenencias y alborotos, pero todos por culpa de aquel, determinó, dicho domingo segundo de Cuaresma, salir de su casa y compañía y pasar a la de Juan Fermín de Huici, Escribano Real y vecino de dicho lugar de Echauri donde se ha de mantener hasta el jueves 27 ultimo del mes de junio y desde ese día en esta ciudad viviendo en ella en dicha casa con el mayor recato y honestidad y sin dar el menor escándalo, como es público y notorio y dirán los testigos en cuanto supieren, hubieren visto, oído o entendido en su razón.

12. Ítem que no solamente ha sido varias veces apercibido y amonestado el marido de mi parte por el párroco del referido lugar de Echauri por su mala conducta y operaciones, sino que también lo ha sido por el alcalde más antiguo de la Real Corte de este Reino, sin haberse notado en él la menor enmienda, como ni tampoco el que dejase entrar en la casa por el mismo alcalde se le insinuó, como es público y notorio y dirán los testigos en cuanto supiesen de su razón.

13. Ítem que ha solicitud de mi parte se tiene mandado diferentes veces a Juan Bautista de Tellechea que tomase criada por no atreverse a vivir sin compañía, mediante los ultrajes continuados que ha experimentado, y aunque siempre se

le ha ofrecido, pero ha estado muy distante en cumplirlo, así consiguiendo en esa forma el atropellarla a solas como lo ha hecho con tanta repetición, como es público y notorio y dirán los testigos en cuanto supieren, hubieren visto, oído o entendido en su razón.

Atento lo cual y demás favorables demandas [...] constando como constara de ellas separación a mi parte en formal divorcio *quad thorum et mutuam cohabitacione* de dicho Juan Bautista de Tellechea, declarando no tienen obligación de hacer.

No era esta la primera demanda que María Agustina interponía contra su marido intentando librarse del infierno en que se había convertido su vida. Años antes había sido amonestado varias veces por la Real Corte por sus agresiones sin haberse notado enmienda[213].

Pero ahora volvía a estar embarazada y necesitaba paz y tranquilidad. La última agresión había sido la gota que había colmado el vaso de su paciencia y temía por su vida. Esto se deduce de un escrito del procurador solicitando alimentos y *litis expensas*, ya que se halla embarazada en elevado estado de gestación. Pide cien reales de plata sencillos en moneda de este Reyno[214] (de Navarra) mensuales, pues ha prescindido de las muchas ropas y ajuares que tenía para huir con la premura necesaria para no seguir siendo golpeada, y del efectivo de la dote que aportó al matrimonio, en concreto, 646 pesos y dos reales de este Reyno. El detalle del ajuar aportado por la novia ocupa nada menos que cuatro folios completos, con sus correspondientes valoraciones, detalles exhaustivos de sábanas y ropa de cama, jubones, ropa interior, prendas exteriores, y unos muebles, que se describen como bellos, porcelanas y lozas para completar el nuevo hogar. María Agustina, al menos, pide que se le retornen los vestidos y ropa blanca, «no sea que se malogren por la polilla al no usarse».

---

[213] Así se declara en el expediente custodiado en el Archivo Diocesano, pero en el Archivo General de Navarra, donde debieran estar archivadas esas causas, tan solo se conserva un proceso de 1768 del fiscal contra un Juan Bautista Tellechea sobre agresión con resultado de heridas, de escasas catorce páginas y no consultable, por lo que no es fácil dar por supuesto que se trate del mismo hombre.

[214] Por lo general, en Pamplona y toda la alta Navarra perteneciente a la corona española, se contaba y llevaban los libros por reales de plata navarros (denominados, asimismo, «flojos»), que valían cada uno treinta y seis maravedís de plata, también navarros. Ocho reales de plata navarros eran, a su vez, el equivalente del peso castellano imaginario de ocho reales de plata vieja, o de 128 cuartos, moneda de cuenta española. J. Ventura, «Paridades de la moneda navarra, desde finales del siglo XVIII hasta la creación de la peseta», *Príncipe de Viana, I Congreso de Historia de Navarra de los siglos XVIII, XIX y XX*, Anejo 4, 1986, p. 467.

Pero Agustín se defiende de estas acusaciones, realizando un extenso escrito de contestación a la demanda que ocupa de los folios 45 a 48 del proceso:

Pedro Velasco de Echeverría, procurador de Juan Bautista Tellechea, vecino del lugar de Echauri en su causa contra María Agustina de Iriarte su mujer como de dicho mejor proceda y en virtud de la comunicación de autos folio 37 al dorso, digo se debe declarar no ha lugar a su pedimento artículo primero o bien proceda como se concluirá, por lo contenido en los artículos siguientes de que entiendo probarán lo necesario:

1. Primeramente, que mi parte, tanto antes de contraer verdadero y legítimo matrimonio con dicha María Agustina como después de su contracción ha sido quieto, pacífico, temeroso de Dios y de su recta justicia, retirado de diversiones, y muy aplicado en su trabajo de cerero y confitero en tanto grado que no perdía tiempo para sacarse su vida con la honradez correspondiente sin que se le haya notado el menor vicio reprensible, ni tampoco ha tenido ni tiene el genio altanero ni soberbio sino afable con todos, usando del mayor amor y procurando por todos los medios dar gusto a su mujer desde que se casaron, como es público y notorio y dirán los testigos cuando supieren o hubieren visto, oído o entendido en su razón.

2. Ítem que no obstante de ser cierto cuanto se lleva relacionado en el artículo anterior, el día primero de marzo o hacia últimos de febrero del presente año, hallándose mi parte en misa, sin más causa que la de su simple antojo se salió de la casa y compañía la dicha Agustina, que se fue a la casa de Juan Fermín de Huici, Escribano Real y vecino del mismo lugar, habiéndole expresado la madre de mi parte que se hallaba en la misma que allí le dejaba la llave de la botiga y se venía a esta ciudad de Pamplona, que a la noche volvería, y bajo esa confianza estuvieron esperándola hasta muy tarde aquella misma noche, como es cierto y notorio y dirán los que cuanto supieren de su razón.

3. Ítem que al día inmediato del lance expuesto en el artículo antecedente llegó a entender mi parte que la dicha Agustina no solo no había venido a esta dicha ciudad como había pretextado, sino es que se hallaba en la casa de dicho Juan Fermín de Huici y admirándose de que no le hubieran dado recado de ello, no acababa de persuadirse enteramente de esa verdad, pero finalmente habiéndose mencionado descantar aquel día de que era así, al otro día siguiente fue con

dos testigos a la dicha casa de dicho Huici y habiéndole supuesto si era cierto se hallaba su mujer en ella, le respondió que sí y replicándole ya con qué orden la tenía, dijo que con la de la justicia y entonces expresó mi parte oí los dos que llevaba que siendo testigos de lo que decía y en verdad volvió a su casa, y por esa razón, creyendo ser así, no ha hecho mi parte el más mínimo movimiento expresando la providencia que se tomaba en el asunto, como es cierto y notorio y dirán los testigos cuando supieren o hubieren visto, oído o entendido en su razón.

4. Ítem que aunque es cierto que mi parte estando ya domiciliado en dicho lugar de Echauri con el ejercicio de cerero por algún tiempo no le dio la llave de la botiga para el despacho de los recados a dicha su mujer, fue a resueltas de haber experimentado a los principios que se la alcanzó, la mala cuenta que daba de los frescos, y que en ocasiones lo que vendía se lo retenía de dinero y por consiguiente notaba la falta y no podía de esa suerte desde el debido cumplimiento de sus acreedores y manutención de la casa y también porque no estaba hecha del despacho por no haber ejercitado en ello, pero sin embargo le alcanzaba dicha mi parte a su referida mujer siempre que se recogía alguna cantidad precedida de la venta, como de veinte pesos para que la guardase bajo llave que ella tenía, de modo que ascendió lo que entregó a los siete doblones de a ocho, en la forma que se lleva relacionado, como es público y notorio y dirán los testigos cuando supieren o hubieren visto, oído o entendido en su razón.

5. Ítem que el lance que se refiere en el artículo tercero contrario no solo no se justifica de la información de la contraria sino que sea dando asenso a lo dicho, y lo peor es que ni en aquel tuvo mi parte la más mínima alteración ni se inquietó cosa alguna, cuanto menos hacen la expresión que se relaciona pues si habiendo ejecutado no podía menos de haberlo oído los caseros que al tiempo tenía, de lo que se ve es una manifiesta calumnia lo que se le imputa, como es público y notorio y dirán los testigos cuando supieren o hubieren visto, oído o entendido en su razón.

6. Ítem que es incierto lo que se refiere en el artículo cuarto contrario, pues lo que pasó fue, que estando acostados mi parte y su mujer, sin haber dado el más mínimo motivo comenzó a agitar y alborotarse y aquel por no evitar mayor disensión se fue a dormir al cuarto inmediato y cama donde se hallaba dicha parte, sin que este ni la criada hubieran entrado antes por los ruidos ni aconteció más en el asunto, como es público y notorio y dirán los testigos cuando supieren o hubieren visto, oído o entendido en su razón.

7. Ítem que es calumnia la más referida la que se le imputa a mi parte en el antecedente artículo quinto de que le pegó a su mujer con la pala del brasero rusiente, pues ni tan el justificado ni podría justificar causa alguna, pero bien es cierto que despidió mi parte a la criada fue con el justo motivo de que viniendo de fuera de la casa desde la escalera oyó que dicha su criada y su mujer estaban hablando mal de mi parte y entre otras cosas expresaban la una o la otra a peinarlo se habían de unir para arrancarse los cabellos y esta fue la causa de despedirla y la de haber experimentado anteriormente la torpeza con la que le peinaban y aquello no fue de noche como refiere el dicho artículo sino a la una del día en que mi parte sin embargo de no haberse cumplido el año le ajustó la cuenta por entero y la despidió de su citada casa, como es público y notorio y dirán los testigos cuando supieren o hubieren visto, oído o entendido en su razón.

8. Ítem que es incierto cuanto contienen los artículos siete, ocho y nueve contrarios, ni tampoco [...] son inverídicos las correspondientes justificaciones, a ellos como consta en autos me remito.

9. Ítem que sobre lo que se expresa en el artículo diez contrario lo que únicamente aconteció fue que hallándose mi parte en la casa de dicho lugar de Echauri denominada la de Marco, lo envió a llamar el palaciano de Riezu que estaba con Joaquín de Echauri y habiéndose ido inmediatamente a ella encontró al susodicho y a otros, y poco cortejado como forastero se divirtieron jugando al mus dos pintas de vino, en donde se mantuvo hasta las nueve, en que se retiró a la suya, que más hacer otra diligencia que la acostumbrada se tenían y rezar el rosario, se fueron a la cama sin haber tenido en ella la menor disensión y por tanto es una vana imputación y más que osadía el comportamiento que se le atribuye en el artículo diez contrario, y por ello no se ha dado la más mínima justificación, como es cierto consta en pendiente de autos y en lo necesario dirán los testigos cuanto supiesen en su razón.

10. Ítem que si mi parte fue amonestado por el alcalde más antiguo de la Real Corte de este Reino para que procurase estar con su mujer y vivir con la armonía correspondiente, e igualmente le insinuó que excusase de entrar en la casa de Joaquín de Echauri la relación menos verídica, y esto sucedió habiéndose presentado mi parte voluntariamente a exponerle lo que le pasaba con su mujer, quien habiéndolo oído quedó enterado de la buena conducta y procederes de mi parte y a sus resultas fue llamada la contraria por medio de una carta que escribió dicho alcalde al reverendo del dicho lugar de Echauri y habiéndolo cumplido se le apercibió y

amonestó con al mayor razón, y aunque no hay el más mínimo motivo de sospecha en la casa de Joaquín de Echauri que se hallaba enfrente de la de mi parte, por cumplir con lo que le insinuó el citado alcalde ha evitado el entrar en ella, a excepción de tal cual vez en que las ocurrencias precisas le han obligado y todo a lo más de los días por agua a un pozo que se halla en el patio o zaguán de aquella casa, como es cierto y dirán los testigos cuanto supiesen en su razón.

11. Ítem que prescindiendo de las ciertas conveniencias que tiene mi parte para mantener a la criada, se halla con su madre que puede servir y ha servido de compañía a ambos marido y mujer, y para el desembarazo de las ciertas ocupaciones que ocurren en dicha su casa, y por consiguiente no se ha necesitado ni necesita criada por poder pasar sin ella, siendo una impostura y pretexto figurado cuanto en ese particular se vierte en el artículo trece contrario, como es cierto y dirán los testigos cuanto supiesen en su razón.

12. Ítem que de lo expuesto en los artículos anteriores se ve clara y manifiestamente la sinrazón con la que la contraria se queja de los procederes de mi parte, la ninguna sevicia con la que la ha tratado, y que no tira a otra cosa que ver si puede perder a mi parte con los fines tan depravados con que camina para mejor lograr su libertad, como es cierto, consta en autos y procede en derecho.

13. Ítem que mi parte ha procurado por todos los medios la paz y tranquilidad del matrimonio, guardándola el amor y fidelidad correspondiente y tratándola en todos lares con la mayor afabilidad, y quien sí ha buscado los motivos de quimera ha sido la contraria con su genio altivo y alborotado sin poderle contener ni sujetarse [...] reflexiones que se le ponían por delante, a lo que sin duda la co-ayudaría el aborrecimiento que siempre le ha tenido y manifestado a mi parte, como también el tener el defecto o vicio de beber vino, y aún en algunas ocasiones en bastante cantidad, como es cierto, público y notorio, y dirán y expresarán los testigos cuanto supiesen en su razón.

14. Ítem que, en contraposición al genio intrépido y repentinos ataques de la contraria y de lo que ha tratado a mi parte con vilipendio y desprecio, hace el que en una ocasión hallándose este desde las cuatro de la mañana trabajando en el obrador una yesca de cera recia, llegó a él Magdalena Ulzurrun a lo que serían las nueve a ver cómo trabajaba y estando sentada con su labor, subió la mujer de mi parte con quien aquella tenía estrecha amistad y precipitadamente le rompió toda la yesca de cera sin que para ello hubiese tenido el más mínimo motivo, ni

con el grave que le dio dicha Agustina hizo más ni otra cosa este que ponerse en consideración con la mayor quietud y conformidad, sin embargo, no contenta con ello se le tiró al cuello colérica y muy intrépida y al querer mi parte defenderse asido a ella cayeron ambos en el suelo y dicha Agustina dijo a la referida Magdalena que fuese testigo de lo que había pasado, causándole con haber roto aquel gravísimo perjuicio, como es cierto, público y notorio, y dirán y expresarán los testigos cuanto supiesen en su razón.

15. Ítem que lo expuesto en los artículos antecedentes se viene en el más patente conocimiento de que la contraria ha sido quien ha dado todos los motivos y causas para la disensión y quimera y quien ha tentado a provocar a mi parte para exponerlo a un precipicio, como es cierto, consta en autos a los que me remito.

16. Ítem que últimamente deseando mi parte por todos los medios buscar la paz y quietud de su matrimonio, determinó darle como le dio a la contraria por Navidad última las llaves y manejo de la casa y que corriese esta con el despacho de los frescos, sin meterse aquel en otra cosa que en trabajar en el obrador, llevárselos a la botiga y cuidársele de despachar cuando hubiere necesidad y habiéndose encargado de darle la cuenta dicha parte contraria a mi parte del producto de lo que vendiese, cuando la esperaba puntual se le fue con todo el dinero que cuanto menos ascendería a ciento veinte pesos, cierto, público y notorio, y dirán y expresarán los testigos cuanto supiesen en su razón.

Atento lo cual y demás articulado, a vuestra merced suplico recibir información por testimonio del mismo receptor que entendió de lo de la contraria o el que sirviese elegir, al tenor de esta respuesta de demanda por artículos y constando como constancia de ella lo necesario, declararse no haber lugar a la demanda contraria y bien si se contemplase necesario tomase en vista de lo que resultase la providencia más conforme y arreglada a derecho, demandas que pido y costas. (Firmas)

Las extensas y numerosas declaraciones de testigos atestiguan haber presenciado los malos tratos. Son sus criados, vecinos y amigos, que pudieran verse influidos por sus amistades y querencias, pero también está D. Joaquín de Egúzquiza, presbítero vicario de la iglesia de Villava, toda una autoridad en la época y cuyas palabras se tomaban como ciertas.

Juan Bautista escribe sus alegaciones por medio de su propio procurador: no reconoce el maltrato y dice que María Agustina falta a la verdad. E insiste en su bondad como marido: «quieto, pacífico, temeroso de Dios y de su real Iglesia, retirado de diversiones y muy aplicado en su trabajo de cerero, en tanto grado que no perdía tiempo para sacarse su vida en la honradez correspondiente, sin que se le haya notado el mínimo vicio reprensible, ni tampoco ha tenido ni tiene el genio altanero, ni soberbio sino afable para con todos». Todas las razones se han visto a lo largo de esta exposición como justificativas de que los hechos alegados por la parte contraria no han sucedido en realidad. A nivel económico, en relación con los alimentos y *litis expensas* solicitados por María Agustina, alega que no puede devolver la dote, porque ella misma ha malgastado la hacienda y no tiene dinero y tampoco puede hacer frente a los alimentos debidos. Pero, aun así, parece posible que pudiera devolverle sus vestidos y resto de ajuar, a lo que también se niega, posiblemente por despecho de la demanda.

El demandado aporta una serie de testigos cuya versión difiere bastante de la que aportaban en folios anteriores los de María Agustina: algunos declaran que ella tenía acceso a la bodega de la casa y al dinero de lo que se vendía en la tienda, y lo sisaba y se lo quedaba, que bebía vino y que tenía el genio alborotado. Por ejemplo, tenemos la declaración de:

Martín de Iturralde, nuestro apotecario vecino de este lugar, testigo presentado y jurado de edad que dice ser de cuarenta y seis años:

Preguntado por el contesto del artículo primero de los recados de esta comisión, dice que es constante que el presentante se haya tenido en este lugar, en los tres años que ya reside en él, por hombre quieto, pacífico y temeroso de Dios y de justicia apartado de [...] y pendencias, aplicadísimo a su trabajo de cerero, sin que jamás en este tiempo haya causado con sus operaciones escándalo y dado que decir, por ser de genio apacible y de buenos procederes sin que tenga el más mínimo vicio reprensible de jurador, jugador, ni otro alguno de qué responder.

Al segundo artículo tiene oído diferentes veces así al presentante como otras personas que no recuerda las que fuesen para expresarlo que a últimos del mes de febrero del presente año, una mañana hayándose el presentante en misa, salió la contraria de su casa y que pasó a la de Juan Fermín de Huici, que es nuestro reverendo de dicho lugar y al tiempo a su salida le dejó a la madre del presentante las llaves de la botiga expresando que iba a la ciudad de Pamplona y a la noche sería regular volviese, pero que habiéndose tenido por cierto de dicho presentante, que no pasó a dicha ciudad sino que se hallaba en la nominada casa de Otuin, que fue con Pedro Josef Otuza y con Dámaso [...] según haga memoria a asegurarse si era verdad, y que habiendo estado con dicho Otuza dijo que dicha contraria se hallaba en su casa y expresándole el dicho presentante por qué o con qué orden, volvió a contestar que con orden de la justicia, con lo que se volvieron a sus casas.

Al octavo artículo que no ha visto ni oído el testigo en este lugar que jamás el presentante haya puesto manos en la contraria para pegarle y cree el testigo, según lo que ha experimentado con dicho presentante que es incapaz para ejecutar semejante cosa.

Al diez, dice que no hay memoria de una tarde por haber venido a este lugar, sin que pueda expresar el tiempo, Don Jerónimo de Istúriz, palaciano del lugar de Riezu y casa de Joaquín de Echauri que se haya enfrente y muy próxima a la del presentante, al oscuro de consentimiento de dicho palaciano y el testigo, fue dicho Joaquín en busca de aquel para que viniese a divertir como en efecto habiéndolo hayado en la que llaman de Otuza, pasó inmediatamente con dicho Joaquín a la casa de este y a poco rato de su llegada empezaron al mus jugando dos pintas de vino, en cual diversión permanecieron en mucha armonía hasta cosa de las nueve en que salieron para sus casas el presentarse y el testigo, pero este al día inmediato oyó que ambos litigantes habían tenido alguna cuestión la propia noche, que no dando aserto de esto el testigo, pasó a la casa del dicho Joaquín y echóle relato de esto al nombrado palaciano, expresó que no podía ser verdad porque él había estado sin irse a la cama en la ventana hasta las doce de la noche y nada había sentido.

Al doce artículo, que en concepto del testigo han podido y pueden ambos litigantes pasar sin criada y sin sirvienta, pues teniendo como tienen el presentante a su madre en su compañía es esta suficiente para sobrellevar el gobierno de la casa y desembarazarse de lo necesario en ella, pues al presente, dicho presentante se haya con su sola madre.

Al catorce, dice que en su contesto solo puede decir que en varias ocasiones ha observado el testigo que el dicho presentante le había de dar cuenta de todo lo que durante ese tiempo había recibido la misma contraria varias cantidades de dinero procedentes de la cera que trajo el presentante para dos entierros ocurridos, el uno en la casa de Izu y el otro no puede expresar, y que, a la salida, según lo que le tiene expresado al testigo el presentante, le llevó pasados de ciento y veinte pesos.

Lo dispuesto es a la vez por el juramento prestado en que leídole, se afirma y firma que enfrente de ello, yo el receptor no se lea lo borrado,

Ante mí, Martín Iturralde y Josef Antonio de Goñi (receptor).

La contestación a esto por parte del procurador de María Agustina es negar el tema del robo del dinero y de los excesos en la bebida (declarando que ella bebía «tan solo un poco de vino rebajado con agua y un vaso de vino puro comiendo»). También alega que con alguna de las testigos aportadas por Juan Bautista tiene rencillas personales y que por eso han declarado contra ella. No llega a impugnar a los testigos, pero sí que se producen diversas quejas.

Tras muchas peticiones de más declaraciones de testigos y pruebas de solvencia económica para forzarle a pagar los alimentos debidos, el gran problema que surge es que María Agustina desea volver a San Sebastián, ciudad cercana a su Hernani natal y que dista veintiocho leguas de ida y vuelta de Echauri, donde estaba situado el hogar conyugal, y por lo tanto, es demasiado camino para hacer vida maridable, por lo que el tribunal se vería obligado bien a denegar la autorización para el cambio de residencia o a acceder a la separación.

Finalmente, María Agustina se traslada a San Sebastián, aunque se desconoce con qué permiso exactamente o si se marcha *motu proprio*, ya que en el proceso se conserva una comunicación del obispado de San Sebastián, al que recurre ella, solicitando de nuevo que se cubran los alimentos y *litis expensas*, ya que hay que trasladar el tema al obispado del Reino de Valencia, porque el marido también ha trasladado su residencia a Segorbe que pertenece a esa circunscripción. Es decir, no solo ella se aleja del hogar familiar, sino que él, que encuentra trabajo como tenedor de libros de la Real Renta de Tabaco en Segorbe, se marcha también de Navarra. Ahora sus ingresos son demostrables, ya no depende del negocio de la cerería, y gana de doce a dieciséis reales diarios pagados por el Estado, con lo que no puede atender la petición de alimentos de ella de cien reales mensuales.

Al trasladarse el pleito a otra diócesis, es necesario enviar toda la documentación para continuar el pleito allí, pero María Agustina la retiene por miedo a que se traspapele y se pierda algo de lo que ha demostrado mediante testigos y ha reconocido el tribunal, teniendo que pleitear en un nuevo proceso. Se enfrenta por ello a una amenaza de excomunión, que no parece amedrentarla, ya que sigue sin devolver la documentación.

Para cubrir la manutención y alimentos de ella, a lo que Juan Bautista había sido condenado, se declara lo que hoy denominaríamos una especie de embargo, en forma de notificaciones a los administradores de la Real Renta de Tabaco, pidiendo una retención y entrega (en el texto dice que sea *consignado*) del sueldo de él para hacer frente a los pagos pendientes. En la carta se señala que ella, para no dilatar más el juicio, ya no reclama más su dote, ni tampoco el ajuar. Así que en este momento podemos apreciar una de las medidas tomadas por el tribunal para la protección económica de la mujer, a la manera de una consignación judicial, medida que no se ha localizado en muchos expedientes y por ello resulta importante.

Entre declaraciones, testigos, pruebas, peticiones y demás vaivenes han transcurrido ya cuatro años desde que se inició el pleito. Se conserva un documento de 1786 en el que se solicita que vivan juntos de acuerdo con la sentencia que parece ser se dictó en su día (que se ha perdido y no se conserva), so pena de excomunión y de cincuenta ducados de multa. A lo que el procurador de María Agustina realiza sus alegaciones, incluyendo el traslado de domicilio de él, la falta de pago, la falta de comunicación entre ellos, etc., además de todo lo alegado inicialmente en la demanda.

Se incorpora al expediente una carta del escribano público numerario de San Sebastián, que transcribe lo que le ha escrito María Agustina a su esposo, mostrándole su intención de concordia y aprovechando, a su vez, para solicitarle de nuevo que haga frente a los alimentos necesarios para su sustento y el de su hijo. Un valiosísimo testimonio de los sentimientos y forma de pensar de una mujer que lucha por recuperar su autonomía y libertad, frente a un matrimonio que no le aporta ni tan siquiera una seguridad económica y física. La carta, que se transcribe a continuación, dice lo siguiente:

Mi estimado Juan Bautista: no dudo te hallarás noticias de la sentencia que ha pronunciado en nuestra causa el Señor Oficial Eclesiástico de Pamplona, disponiendo que hagamos vida maridable, correspondiéndonos con amor, paz y felicidad que pide las Santas Leyes del matrimonio, obligándote a que pagues por entero las impensas y costas de este pleito y el importe de los alimentos míos causados desde que empezó la causa hasta que se ha pronunciado la sentencia habiéndose reservado el Señor Juez hacer en el caso de que nosotros no nos ajuntemos la casación con otras particularidades que refiere. Yo olvidando sentimientos y quejas pasadas, pues esto es el preciso para vivir en adelante con tranquilidad y armoniosamente estoy pronta a cumplir lo que ha determinado el Señor Juez Eclesiástico pero ya considerarán que no puedo llevar a efecto mis deseos ni sería bien visto saliese de aquí sin reintegrar el valor de los alimentos que han de contarse desde el día tres de julio de 1782 y teniendo como tengo y he tenido en mi compañía a nuestro hijo, me parece que los alimentos de los dos y gastos particulares del vestuario, no es ningún exceso el reglar uno y otro al respecto de 8 reales de vellón, en cuyo [falta] te acomodarás a este pensamiento y dispondrás el dinero a ese fin para que pueda ponerse en ejecución la sentencia y sepultando los sinsabores y desavenencias que turbaron nuestro sosiego en años anteriores en un perpetuo olvido, vivamos con la unión y cristiandad que Dios nos manda, procurando ambos excusar todo motivo de discordia y disgusto, como yo prometo evitarlo muy de veras, mereciéndote esa estimación y trato propio de un esposo. También dispondrás que para los gastos que se me ha de ofrecer en el viaje desde esta para ir en compañía de nuestro hijo se me entregue la cantidad en reales que sea conveniente. Espero que haciéndote cargo de cuanto llevo advertido y no menos al tenor de la sentencia te resignarás en la decisión y me favorecerás con respuesta puntual de lo que deliberas, que no dudo ha de ser favorable a mis sanas intenciones y entre tanto, ruego y rogaré siempre a Dios te guarde muchos y felices años[215].

Siguen varios documentos relativos aún al tema del embargo del salario que percibe él y también sobre el cumplimiento o no de la sentencia. El pleito continúa con recursos y con peticiones de embargo y de pago de los alimentos diez años más tarde de comenzar el proceso judicial, el caso sigue sin resolverse, y ellos siguen sin convivir, haciendo cada uno vida por su parte, incumpliendo la sentencia que se había dictado tiempo atrás. M.ª Agustina es un claro ejemplo de resistencia a la violencia y a las agresiones de todas las formas que se hallaban a su alcance: mediante la interposición de una demanda judicial para refrendar una cohabitación que ya no se había producido al haber salido ella del hogar conyugal, litiga y pleitea insistentemente por su sustento económico y no se allana a cumplir la sentencia. Un ejemplo de cómo la mujer de finales del siglo XVIII buscaba una salida inconformista, enfrentándose a la sociedad y a la Iglesia, para lograr superar la situación de maltrato dada por su esposo.

Este expediente del Archivo Diocesano de Pamplona, como hemos visto, sirve de modelo de cómo era un proceso judicial de separación del siglo XVIII, con la motivación de los malos tratos y la huida de la esposa del hogar familiar como causa principal. Se conservan las demandas y defensas, alegaciones, declaraciones de testigos, medidas cautelares, proceso complementario de alimentos, provisiones, autos, excomuniones, escritos personales, y un largo etcétera de documentos que permiten hacernos una perfecta idea de cómo sucedió la historia personal de este matrimonio, de sus sufrimientos e infortunios y de cómo resolvieron la situación viviendo cada uno por su lado sin respetar las normas eclesiásticas, algo que era bastante habitual en la época.

---

[215] 4. ADP, Sección Procesos, C/2575 n.º 1, ff. 223-224.

223

Fran.co Ygnacio de Yruzaeta Escrivano de S. M. pu-
blico Numerario de esta Ciudad de San Sevastian Obispado
de Pamplona: Certifico doy fé y verdadero testimonio à los
Señores que el presente vieren que oi dia viernes veinte
y tres de Febrero de mil setecientos ochenta ysiete D.ª Maria Agustina de Yriarte residente al presente en ella à dis-
ro escrivia, y escribe por el Correo de este mismo dia à
D.n Juan Baupttista de Thellechea su marido oficial Inter-
ventor de la Real Renta del Tavaco en la Ciudad de Segorbe Reyno de Valencia la carta del tenor siguiente=

Carta. Mi Estimado Juan Baupttista: No dudo se hallará
noticioso de la sentencia que hà pronunciado en nuestra
causa el Señor oficial Eclesiastico de Pamplona, disponiendo que hagamos vida maridable, correspondiendonos con
aquel amor paz y fedelidad que piden las Santas Leyes
del Matrimonio, obligandose à que pagues por entero las
impensas y costas de este Pleito, y el importe de los alim.tos
mios causados desde que se empezó la causa, hasta que se ha
pronunciado la sentencia, haviendose reservado el Señor
Juez hacer en el caso de que nosotros no nos ajustemos la
tasacion con otras particularidades que refiere: Yo olvidando sentimientos, y quejas pasadas, pues esto es preciso para vivir en adelante con tranquilidad y armonia am.
estoy pronta à cumplir lo que ha determinado el Señor
Juez Ecc.co pero yà consideraras que no puedo llebar à
efecto mis deseos, ni seria bien visto saliese de aqui sin

Imágenes 5-6-7: ADP, Sección Procesos, C/2575, n.º 1, ff. 223-224.

153

reintegrar el valor de los alimentos que han
de contarse desde el dia tres de Julio de mil setecientos ochenta y dos, hasta ahora, y teniendo como tengo, y hé tenido en mi Compañia desde que
nació à nuestro hijo, me parece que por los alim.tos
de los dos y gastos particulares del vestuario no es
ningun exceso el reglar uno y otro à respecto de
ocho Reales vellon por dia, en cuio supuesto espero te acomodaras à este pensamiento y dispondras
el dinero correspondiente à ese fin para que pueda
ponerse en execucion la Sentencia y sepultando
los sinsavores y desavenencias que turbaron nuestro sosiego en años anteriores en un perpetuo olvido vivamos con la union, y Christiandad que
Dios nos manda procurando ambos escusar todo
motibo de discordia y disgusto, como yo prometo
evitarlo muy deveras mereciendote aquella esti-
macion y trato propio de un Esposo tambien
dispondras que para los gastos que se me han de
ofecer en el viaje desde esta para esa en compañia de nuestro hijo se me entregue la cantidad de
Reales que sea conveniente. Espero que haciendote
cargo de quanto llebo advertido, y no menos de el
thenor de la sentencia te resignaras en su decision
y me favoreceras con respuesta puntual de lo que
deliveras que no dudo à de ser favorable à mis
sanas intenciones, y entre tanto ruego y rogare

Imágenes 5-6-7: ADP, Sección Procesos, C/2575, n.º 1, ff. 223-224.

224

siempre à Dios te guarde muchos y felices años. San
Sevastian y Febrero veinte y tres de mil setecientos
ochenta y siete: Tu Esposa que de corazon te estima:
María Agustina de Yriarte= Mi Esposo Juan Bauptta.
de Thellechea

La qual dha carta la he cerrado y puesto de mi pro
pio puño y letra de mi el Essno. este sobreescrito: A Dn.
Juan Baupta. de Thellechea oficial Interbentor de la
Real Renta del Tavaco: Madrid: Valencia: Segorbe y
la he entregado à Dn. Manuel de Enderiz Administra
dor de Correos y Estafeta de esta Ciudad para que cer
tificada en forma la dirija à su destino obteniendo re
cibo de su entrega al citado Dn. Juan Baupta. de Thelle
chea à continuacion ò espalda del mismo sobreescrito
que ba escrito de mi letra. Y para que de ello conste y
obre los efectos que hubiere lugar en dro. doy el presen
te y signo y firmo à pedimento de la enunciada Dña.
María Agustina de Yriarte en esta misma Ciudad
à los expresados dia mes y año referidos:

Entretim. de Verdad.

Juan Cxpr. de Iturraca

CONCLUSIONES

10

A lo largo del presente trabajo se han ido mostrando diversos aspectos de la violencia ejercida contra las mujeres a finales de la Edad Moderna en el contexto del reino de Navarra. La justificación doctrinal y moral de estos actos se arrastra desde las ideas filosóficas de la Antigüedad y de los Padres de la Iglesia, pero fueron mantenidas y soportadas por los teóricos del siglo XVI y XVII. Tan solo en el XVIII comenzará a cambiar la imagen de la mujer como ser humano sometido a la autoridad del marido con todo el derecho a corregirla y castigarla, al ser inferior y con tendencias al indecoro, vaguedad o promiscuidad. La nueva concepción de la mujer que nacerá con la Ilustración aportará una condición más igualitaria con el hombre.

Aun así, en el ámbito doméstico y en la vida cotidiana en general, persisten los actos de violencia en los que la mujer es golpeada, herida, empujada, apartada, privada del sustento, encerrada, injuriada y vilipendiada, tal como demuestran la gran cantidad de pleitos judiciales que han llegado hasta nuestros días. El Archivo Diocesano de Pamplona conserva una importante sección de procesos donde se custodian muchos de esos expedientes y que han sido analizados en el presente trabajo, buscando conocer la situación real de la violencia en el ámbito determinado de la jurisdicción eclesiástica de Navarra[216]. Así, se ha comprobado la crudeza de los testimonios de las demandantes, confirmados por las declaraciones testificales de familiares, criados y vecinos, y se han analizado las consecuencias jurídicas de estas actitudes, así como las medidas adoptadas por los tribunales para la protección de la mujer agredida.

---

[216] En la época, como ya se ha indicado, el Tribunal Eclesiástico de la Diócesis de Pamplona tenía jurisdicción sobre territorios de la actuales Navarra y Gipuzkoa.

De todo ello se desprende que, a pesar de la imagen generalizada de tolerancia de la violencia contra la mujer que pueda existir de la Edad Moderna, los tribunales y la sociedad no toleraban actos de extrema dureza, reiterados en el tiempo o que hicieran peligrar la vida de la agredida. De la misma manera, las injurias o insultos, así como los ataques de todo tipo que miembros de la comunidad religiosa pudieran realizar contra las mujeres, eran penados y castigados, con multas, excomuniones y demás medidas. Los vecinos y familiares declaraban a favor de las mujeres que habían sufrido las agresiones y se atrevían a demandar o alegar el maltrato en el caso de que el fiscal incoara el expediente por falta de vida maridable y en muchas ocasiones les daban asilo o cobijo fuera del hogar conyugal, buscando protegerlas.

La medida más habitual, el depósito de la mujer en otra casa o en una institución religiosa, era dictada en gran cantidad de ocasiones, permitiéndole romper con la convivencia matrimonial de manera reglada y aceptada por la Iglesia, pero también encontramos autos que obligaban al alejamiento del cónyuge agresor y otras medidas destinadas a mantener a la esposa fuera de la cercanía de su marido.

La protección de la mujer no se daba solo a nivel físico, mediante depósitos en hogares o conventos donde pudiera vivir segura, sino que también a nivel económico se trataba de compensar y dar sustento para ella y sus hijos. Así, se dictaban autos confirmando el pago de alimentos y *litis expensas*, devoluciones de dotes y otras medidas para el mantenimiento financiero de la mujer, que, en ocasiones, dan lugar a pleitos más largos y complejos que el propio de separación o divorcio ocasionado por el maltrato en sí.

Pero, a pesar de todas estas medidas de protección, en gran parte de los casos el tribunal dictaminaba que debía volverse a la vida en el hogar común y pocas veces se aceptaba la separación o divorcio del matrimonio. Las penas de excomunión y los insistentes escritos de fiscales y clérigos impelían a que se cumplieran estas sentencias, motivadas por la firme creencia en la indisolubilidad del matrimonio, aunque los malos tratos quedaran demostrados por las declaraciones de testigos. Los casos en los que se sentenciaba esa separación reflejan el sentimiento general de rechazo a la violencia contra la mujer, aunque se toleraba la corrección dentro del ejercicio de la potestad marital. La importancia para el tribunal era administrar derecho como instrumento de paz social, no tanto por el individuo en sí, sino por la sociedad.

El objetivo principal de los tribunales era mantener la paz social y la convivencia matrimonial, lo que origina esta dualidad en la interpretación de los hechos de la violencia contra las mujeres: protección de la mujer, que

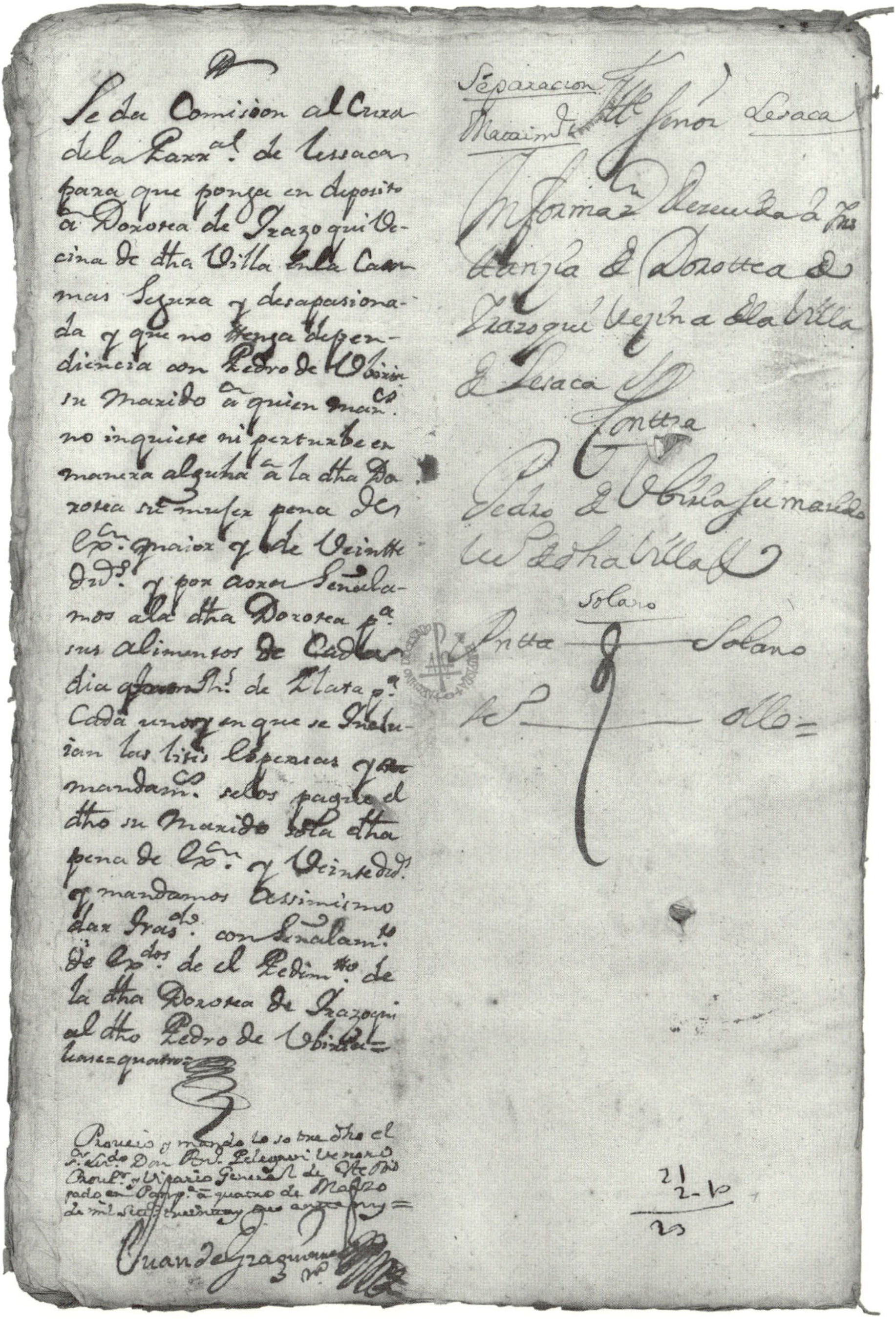

Imagen 4: Ejemplo de medida de depósito, ADP, Sección Procesos, C/1544, n.º 21, f. 17v.

se produce para contrarrestar un maltrato que se toma como cierto, frente a la obligación de mantener la convivencia con el agresor, ante la no concesión de la separación o divorcio.

La presente investigación ha estado sujeta a una serie de limitaciones, la principal, la gran cantidad de documentación y expedientes judiciales disponibles (más de trescientos) cuyo análisis pormenorizado supera el ámbito de una investigación monográfica, por lo que ha sido necesario seleccionar determinados expedientes para su visualización completa (los procesos descritos en las fuentes documentales primarias) y el uso de los catálogos de Procesos Judiciales del Archivo Diocesano de Pamplona, que cuenta con descripciones pormenorizadas para cada proceso, como fuente secundaria para abarcar la mayor información posible.

Otra limitación se da por la propia conservación de los expedientes procesales, en gran medida incompletos, a falta de declaraciones de testigos, sentencias u otros documentos, lo que hace necesario extrapolar las conclusiones obtenidas del análisis de la información disponible, pero sin poder contar con toda la producción de la época del Tribunal Eclesiástico de Pamplona, lo que puede ocasionar errores de interpretación.

Quedan aún amplios márgenes de estudio para esta materia, entre los que se destaca el análisis en mayor profundidad de los datos socioeconómicos que nos aportan los expedientes procesales, fomentando un mayor estudio intersectorial que proporcione un mayor conocimiento de la sociedad navarra de la época; la necesidad de uso de otras fuentes documentales, como pueden ser procesos derivados o anteriores a los presentes, referentes a pleitos civiles custodiados en el Archivo Real y General de Navarra, o, incluso, la consulta de documentaciones privadas como archivos de familia y el establecimiento de pautas generales de los procesos, en busca de unas conclusiones de derecho procesal que ayuden a comprender en mayor profundidad la falta de determinados documentos en los pleitos y un esquema de actuación ante futuras investigaciones.

GLOSARIO

11

* ABAD: equivale al actual párroco. Es sinónimo de rector, que se usa en el norte de Navarra y Gipuzkoa. En la zona de la Ribera de Navarra se le denomina prior. Se distingue del vicario, que tenía la cura de almas. Las vicarías eran normalmente perpetuas a excepción de algunas anuales.

* ALIMENTOS: en el ámbito jurídico, los alimentos se refieren a todo lo que es indispensable para el sustento, habitación, vestido, etc., de la mujer y descendientes, y que debía proporcionar el padre de familia, como cabeza de la unidad familiar.

* BENEFICIADO: clérigos que conforman el cabildo local, pero sin cura de almas. Su cometido era cantar en los actos de culto y participar en las celebraciones. Normalmente, no tenían obligación de residencia y por eso podían acumular varios beneficios. El número de beneficiados de cada parroquia era fijo desde la Edad Media, pero el régimen de estos se renovó hacia la segunda mitad del siglo XVIII.

* CATÁLOGO: relación de casos y expedientes judiciales depositados en el Archivo Diocesano de Pamplona, con breve descripción y datos identificativos de los mismos.

* CURA DE ALMAS: cargo diocesano que tenía la misión de velar por el cumplimiento de las últimas voluntades y testamentos. Además, promovía pleitos contra los obligados a cumplirlos.

* DECLARACIONES DE POBREZA: o declaración de pobre, es la resolución al proceso por el cual el demandante o demandado demuestra que sus ingresos o bienes raíces no eran suficientes para atender los gastos y costas del proceso judicial.

* DIVORCIO/MATRIMONIO *QUOAD THORUM*: El divorcio (*divortium quoad thorum* et *mutuam cohabitationem*) permitía a los casados

poner fin a la vida maridable (cohabitación) de forma legal, interrumpiendo algunas de las obligaciones recíprocas de los cónyuges.

* ESPONSALES: a pesar de que hoy en día el vocablo se confunde con el de *matrimonio,* en la época a la que se refiere este estudio se trataba de la mera promesa de contraer matrimonio, que podía estar hecha verbalmente o por escrito, dada y aceptada entre personas. Generaba obligación de matrimonio y cada parte podía exigir su cumplimiento.

* EXPEDIENTE: se usa esta denominación como sinónimo de proceso o caso, en relación con las unidades documentales formadas por un conjunto de documentos generado orgánica y funcionalmente por el Archivo Diocesano de Pamplona.

* FISCAL: cargo diocesano encargado de defender la jurisdicción episcopal, los derechos de la Iglesia y la disciplina eclesiástica. Promovían causas judiciales contra quienes quebrantaban las normas. Los que avisaban a los fiscales de estos incumplimientos eran denominados caucioneros.

* INMUNIDAD: privilegio inherente a personas o cosas eclesiásticas. Los clérigos estaban sometidos a una jurisdicción propia, distinta a la civil y gozaban de diversas exenciones en prestaciones y obligaciones. Las iglesias, ermitas, parroquias, cementerios, etc., también tenían ese privilegio, por lo que las personas que se refugiaban en ellos gozaban de derecho de asilo.

* JUECES ECLESIÁSTICOS: la Audiencia Episcopal era presidida por el provisor, oficial principal o vicario general de la diócesis. Si el juez dictaba sentencia por delegación de la autoridad papal se denominaba apostólico, y el pleito, apostólico también.

* JURISDICCIÓN ECLESIÁSTICA: jurisdicción especial desarrollada durante el Antiguo Régimen para la resolución de asuntos eclesiásticos. Actuaba en relación con todos los casos vinculados con clérigos, obispados, monasterios y edificios religiosos en general, diezmos, beneficios y todo aquello que se regulaba desde la Iglesia, herencias, legados, sepulturas, y, sobre todo, matrimonio. Se basaba en el derecho de la Iglesia a guiar y gobernar.

* *LITIS EXPENSAS*: suma de dinero que el beneficiario de los alimentos tiene derecho a solicitar de quien deba suministrárselos, con el objeto de atender los gastos que a aquel incumbe adelantar para la tramitación de un proceso determinado. Habitualmente, se solicitaban junto con los alimentos.

* MATRIMONIO *IN FACIE ECCLESIAE*: significa «en presencia de la congregación». Expresión latina que se usa hablando del santo sacramento del matrimonio católico **cuando es público y con las ceremonias establecidas.**
* MATRIMONIO NULO VS. ANULABLE: se considera un matrimonio nulo, o cualquier tipo de contrato, cuando, por defectos en su origen, el derecho considera que no ha existido nunca; sin embargo, anulable hace referencia a una característica que se otorga por sentencia judicial y se da por no realizado como tal, aunque en su inicio fuera válido.
* PROCURADOR: representante de los litigantes en todo lo relativo al proceso judicial, demandas, autos, apelaciones y solicitudes variadas. Podía personarse en los procesos de acuerdo con el poder que se le otorgaba y que establecía y delimitaba sus funciones. En los procesos de los tribunales eclesiásticos, sustituye a la figura del abogado, que no aparece en los expedientes, encontrándose únicamente demandantes y demandados representados por la figura del procurador, que entendemos que, por tanto, realizaría también funciones de consejo a los mismos.
* PROMESA DE MATRIMONIO: derivada de los esponsales, consistía en la obligación de contraer matrimonio, que era recíproca y podía exigirse ante los tribunales.
* SECRETARIO: funcionario de la Iglesia que actúa como ministro de la fe pública y recoge la documentación relativa al proceso, transcribe demandas y declaraciones testificales y traslada los autos, solicitudes, etc., actuando a la vez como escribanos.
* SEPARACIÓN VS. DIVORCIO: en esta época encontramos en los procesos ambos vocablos mezclados y usados indistintamente, pero, en puridad, la separación haría referencia al permiso otorgado por el tribunal para cesar la cohabitación y la vida maridable, mientras que el divorcio significaría la disrupción total del matrimonio, pero el vínculo conyugal seguía en vigor hasta el fallecimiento de alguno de los esposos.
* VIDA MARIDABLE: la legislación de la época exigía en el matrimonio el cumplimiento de la cohabitación de los esposos en el mismo hogar, siendo requisito indispensable, y su ejecución era controlada por la Iglesia. Se obligaba al que saliera de la casa familiar a regresar a ella mediante sentencia.

* VIOLENCIA DE GÉNERO: el uso de este término a lo largo del presente trabajo hará referencia a la violencia ejercida sobre las mujeres, siguiendo su acepción más habitual y común, incluyendo la física, la psicológica y la social. Explica la violencia como un mecanismo social que pone a las mujeres en un plano de subordinación e inferioridad. El nacimiento de este término se debe a la IV Conferencia Internacional de las Mujeres de Beijing y en España se emplea desde la LO 1/2004 de 28 de diciembre[217].

---

[217] E. López Merchán, «La violencia contra la mujer: evolución terminológica en España», *Clío & Crimen*, 12, 2015, p. 119.

FUENTES DOCUMENTALES

12

1. FUENTES PRIMARIAS

ADP, Sección Procesos Judiciales, C/166, n.º 5.
ADP, Sección Procesos Judiciales, C/288, n.º 17.
ADP, Sección Procesos Judiciales, C/367, n.º 15.
ADP, Sección Procesos Judiciales, C/384, n.º 4.
ADP, Sección Procesos Judiciales, C/399, n.º 2.
ADP, Sección Procesos Judiciales, C/409, n.º 16.
ADP, Sección Procesos Judiciales, C/412, n.º 3.
ADP, Sección Procesos Judiciales, C/412, n.º 11.
ADP, Sección Procesos Judiciales, C/475, n.º 23.
ADP, Sección Procesos Judiciales, C/481, n.º 3.
ADP, Sección Procesos Judiciales, C/495, n.º 4.
ADP, Sección Procesos Judiciales, C/504, n.º 36.
ADP, Sección Procesos Judiciales, C/509, n.º 5.
ADP, Sección Procesos Judiciales, C/522, n.º 10.
ADP, Sección Procesos Judiciales, C/539, n.º 10.
ADP, Sección Procesos Judiciales, C/540, n.º 16.
ADP, Sección Procesos Judiciales, C/546, n.º 36.
ADP, Sección Procesos Judiciales, C/591, n.º 12.
ADP, Sección Procesos Judiciales, C/598, n.º 22.
ADP, Sección Procesos Judiciales, C/605, n.º 10.
ADP, Sección Procesos Judiciales, C/617, n.º 9.
ADP, Sección Procesos Judiciales, C/623, n.º 18.
ADP, Sección Procesos Judiciales, C/680, n.º 26.
ADP, Sección Procesos Judiciales, C/758, n.º 29.
ADP, Sección Procesos Judiciales, C/767, n.º 10.
ADP, Sección Procesos Judiciales, C/805, n.º 7.

ADP, Sección Procesos Judiciales, C/1023, n.º 6.
ADP, Sección Procesos Judiciales, C/1026, n.º 2.
ADP, Sección Procesos Judiciales, C/1055, n.º 27.
ADP, Sección Procesos Judiciales, C/1190, n.º 3.
ADP, Sección Procesos Judiciales, C/1205, n.º 6.
ADP, Sección Procesos Judiciales, C/1210, n.º 24.
ADP, Sección Procesos Judiciales, C/1210, n.º 26.
ADP, Sección Procesos Judiciales, C/1336, n.º 7.
ADP, Sección Procesos Judiciales, C/1402, n.º 2.
ADP, Sección Procesos Judiciales, C/1428, n.º 2.
ADP, Sección Procesos Judiciales, C/1457, n.º 14.
ADP, Sección Procesos Judiciales, C/1525, n.º 27.
ADP, Sección Procesos Judiciales, C/1544, n.º 21.
ADP, Sección Procesos Judiciales, C/1583, n.º 2.
ADP, Sección Procesos Judiciales, C/1706, n.º 8.
ADP, Sección Procesos Judiciales, C/1807, n.º 16.
ADP, Sección Procesos Judiciales, C/1872, n.º 9.
ADP, Sección Procesos Judiciales, C/1882, n.º 22.
ADP, Sección Procesos Judiciales, C/1907, n.º 31.
ADP, Sección Procesos Judiciales, C/2028, n.º 3.
ADP, Sección Procesos Judiciales, C/2081, n.º 9.
ADP, Sección Procesos Judiciales, C/2282, n.º 12.
ADP, Sección Procesos Judiciales, C/2329, n.º 20.
ADP, Sección Procesos Judiciales, C/2346, n.º 14.
ADP, Sección Procesos Judiciales, C/2270, n.º 2.
ADP, Sección Procesos Judiciales, C/2469, n.º 2.
ADP, Sección Procesos Judiciales, C/2575, n.º 1.
ADP, Sección Procesos Judiciales, C/2599, n.º 16.
ADP, Sección Procesos Judiciales, C/2884, n.º 2.

2. FUENTES SECUNDARIAS

Catálogos del Archivo Diocesano de Pamplona, Sección Procesos: cuarenta y dos volúmenes que abarcan desde el siglo XVI al XIX manteniendo el orden en el que se han conservado los procesos judiciales, por los secretarios judiciales que los redactaron. La publicación de estos volúmenes fue llevada a cabo por el Archivo Diocesano de Pamplona y el Gobierno de Navarra.

Son sus autores José Luis Sales Tirapu, Isidoro Ursúa Irigoyen, Antonio Prada Santamaría y Teresa Alzugaray Los Arcos, todos ellos archiveros del Archivo Diocesano de Pamplona.

Sales Tirapu, J. L. y Ursúa Irigoyen, I. (coautor de los vols. 31-38, A. Prada Santamaría; coautora a partir del vol. 39, T. Alzugaray Los Arcos). *Catálogos del Archivo Diocesano de Pamplona. Sección Procesos: 42 volúmenes*, Pamplona, Gobierno de Navarra-Institución Príncipe de Viana, 1988-2021.

BIBLIOGRAFÍA

13

Anderson, B. S y Zinsser, J. P., *Historia de las mujeres: una historia propia*, vol. i, Barcelona, Crítica, 1991.

Angulo Moranes, A. y Echebarria Ayllón, I., «Honor y reputación. Los procesos de divorcio en la sociedad vasconavarra del Setecientos», *Clío & Crímen: Revista del Centro de Historia del Crimen de Durango*, 13, 2016, pp. 191-212.

Arjona Zurera, J. L., «Análisis pragmático-discursivo de los textos de demandas de divorcio del Tribunal Eclesiástico de Córdoba (siglos xvi, xvii y xviii)», Córdoba, Universidad de Córdoba, tesis doctoral, 2016.

— «El discurso jurídico del Tribunal Eclesiástico de Córdoba en la Edad Moderna», *Ámbitos: Revista de Estudios de Ciencias Sociales y Humanidades*, 35, 2016, pp. 85-95.

Barahona Arévalo, R., «Coacción y consentimiento en las relaciones sexuales modernas, siglos xvi a xviii», en *Mujer, marginación y violencia entre la Edad Media y los tiempos modernos*, R. Córdoba de la Llave (coord.), Universidad de Córdoba, 2006, pp. 257-278.

Bartolomé, J. M.; García Fernández, M. y Sobaler Seco, M.ª A., *Modelos culturales en femenino. Siglos xvi- xviii*, Madrid, Sílex, 2019.

Bernal Serna, L. M., «Crimen y violencia en la sociedad vizcaína del antiguo régimen (1550-1808)», Bilbao, Universidad del País Vasco/Euskal Herriko Unibertsitatea, tesis doctoral, 2010.

Bolufer, M., *Mujeres e Ilustración: la construcción de la feminidad en la España del siglo xviii*, Valencia, Institució Alfons el Magnánim-Diputación Provincial, 1998.

Campo Guinea, M.ª J., «Los procesos por causa matrimonial ante el Tribunal Eclesiástico de Pamplona en los siglos xvi y xvii», *Príncipe de Viana*, 55, 202, 1994, pp. 377-390.

— «La fuerza, el otro lado de la voluntad. Matrimonio en Navarra, siglos xvi-xvii», *Gerónimo Ustáriz*, 11, 1995, pp. 71-87.

— «Mujer y violencia conyugal en Navarra, siglos XVI-XVII», en *Historia de la mujer e historia del matrimonio. Congreso Internacional Historia de la Familia: Nuevas perspectivas sobre la sociedad europea: Murcia 1994*, 1997, pp. 99-109.

— *Comportamientos matrimoniales en Navarra*, Pamplona, Gobierno de Navarra, 1998.

Campo Jesús, L., «Violación, rapto y adulterio en el Fuero General de Navarra», *Cuadernos de Etnología y Etnografía de Navarra*, 45, 1985, pp. 17-36.

Candau Chacón, M.ª L., *Las mujeres y el honor en la Europa Moderna*, Huelva, Universidad de Huelva, 2014.

— *Entre procesos y pleitos: hombres y mujeres ante la Justicia en la Edad Moderna*, Sevilla, Universidad de Sevilla, 2020.

— «El fracaso de la unión conyugal: divorcio y malos tratos a fines del Antiguo Régimen», en M. Torremocha Hernández (dir.), *Violencia familiar y doméstica antes los tribunales (siglos XVI-XIX). Entre padres hijos y hermanos, nadie meta las manos*, Madrid, Sílex, 2021, pp. 216-217.

Capdevila Mundatas, M. A., «Arnau contra Salla. Una aproximación a un proceso de divorcio de mediados del siglo XVIII en Cataluña», en *X Congreso virtual sobre Historia de las Mujeres*, Jaén, Archivo Histórico Diocesano de Jaén, 2018, pp. 95-112.

Capel Martínez, R. M., *Mujer y sociedad en España (1790-1795)*, Madrid, Ministerio de Cultura e Instituto de la Mujer, 1982.

Clavero, B., *Tantas personas como estados: por una antropología de la historia europea*, Madrid, Tecnos, 1986.

Corella, J., *Práctica del confesionario y explicación de las LXV proposiciones condenadas por la Santidad de N.S.P. Inocencio XI*, Madrid, 1690, p. 39.

Costa, M. A., «Conflictos matrimoniales y divorcio en Catalunya: 1775-1883», Barcelona, Universitat Pompeu Fabra, tesis doctoral, 2008.

Criado Torres, L., «El papel de la mujer como ciudadana en el siglo XVIII: la educación y lo privado», Universidad de Granada, www.ugr.es/~inveliteraria

Duñaiturria Laguarda, A., «El maltrato a las mujeres en el siglo XVIII», *Clío & Crímen: Revista del Centro de Historia del Crimen de Durango*, 12, 2015, pp. 91-108.

Echebarria Ayllón, I., *La plata embustera, emociones y divorcio en la Guipúzcoa del siglo XVIII*, Bilbao, Universidad del País Vasco / Euskal Herriko Unibertsitatea, 2017.

Espanha, A. M., «El estatuto jurídico de la mujer en el Derecho Común clásico», *Revista Jurídica Universidad Autónoma de Madrid*, 4, 2016, pp. 71-87.

Espín López, R, «Hazer divorcio en Castilla: (siglos XVI, XVII y XVIII)», Universidad Complutense de Madrid, tesis doctoral, 2010.

— «Los pleitos de divorcio en Castilla durante la Edad Moderna», *Studia historica. Historia Moderna*, 38-2, 2016, pp. 167-200.

Estevan, J., *Orden de bien casar y avisos de casados*, http://www.liburuklik. euskadi.eus/handle/10771/8961

Fray Luis de León, *La perfecta casada*, www.cervantesvirtual.com/obra-visor/la-perfecta-casada--1/html/ffbbf57a-82b1-11df-acc7-002185ce6064_3.html

Galán Lorda, M. (dir.), *Gobernar y administrar justicia: Navarra ante la incorporación a Castilla*, Pamplona, Thomson Reuters Aranzadi, 2012.

Gamboa Baztán, Á., «Los procesos criminales sobre causas de estupro ante la Corte y el Consejo Real de Navarra (1750-1799): Aproximación a la sociedad navarra de la segunda mitad del siglo XVIII», en *Primer Congreso General de Historia de Navarra*, 1988, Pamplona, pp. 111-119.

García Bourrellier, R., «El utillaje de la ira: las armas del maltratador en los siglos XVI y XVII», *Memoria y Civilización*, 16, 2013, pp. 117-135.

García Sanz, Á., *Demografía y sociedad de la Barranca de Navarra, 1760-1860*, Pamplona, Gobierno de Navarra, 1985.

Garriga Espino, A., «Defensa de las mujeres: el conformismo obligado de Feijoo en la España del siglo XVIII», www.um.es/tonosdigital/znum22/secciones/tritonos-2-garriga_defensa_de_mujeres.htm

Gil Ambrona, A., *Historia de la violencia contra las mujeres. Misoginia y conflicto matrimonial en España*, Madrid, Cátedra, 2008.

Gorbe Sánchez, L., «Montando y desmontando a la mujer. A vueltas con un texto del padre Feijóo», en *Filosofía de la cultura: actas del IV Congreso Internacional de Antropología Filosófica de la Sociedad Hispánica de Antropología Filosófica, 11 al 13 de septiembre de 2000*, Valencia, Universitat de València, 2001, pp. 651-660.

Grande Pascual, A., «Violencia interpersonal en la sociedad vizcaína a finales del Antiguo Régimen», *Clío & Crimen*, 12, 2015, pp. 215-232.

— «Mujeres violentas y violentadas: la presencia femenina en la criminalidad vizcaína a finales del Antiguo Régimen», *Clío & Crimen*, 17, 2020, pp. 297-312.

Gris Martínez, J., «Gentes ociosas y mal entretenidas. Factores de riesgo del maltrato o violencia de género en el siglo XVIII», *Alberca: Revista de la Asociación de Amigos del Museo Arqueológico de Lorca*, 6, 2008, pp. 179-200.

Gutiérrez Aguilera, S., «Conductas violentas, realidades cotidianas. Familia, sociedad y convivencia en el Buenos Aires del siglo XVIII», *Procesos Históricos: Revista de Historia, Arte y Ciencias Sociales*, 28, 2015, pp. 76-91.

Gutiérrez de Armas, J., «Elvira Lordelo, un ejemplo de lucha frente a la violencia doméstica en el siglo XVII», *Fuentes Canarias en Red*, 2, 2015, pp. 187-192.

Hernández Bermejo, M. A., «La familia como espacio de conflictos en Extremadura durante la Edad Moderna», *Norba: Revista de Historia*, 27, 2014, pp. 373-385.

Hippt, R., «Sexualidad y matrimonio en el Chile austral: Osorno siglos XVII y XIX», Madrid, Universidad Autónoma de Madrid, tesis doctoral, 2005.

Intxaustegui Jauregui, N. J., «Violencia y malos tratos en los matrimonios (Vizcaya, siglos XVII- XVIII)», *Clío & Crimen*, 19, 2022, pp. 47-61.

Iziz, R. e Iziz, A., *Historia de las mujeres en Euskal Herría*, Tafalla, Txalaparta, 2016.

Jarque, E. (coord.), *Emociones familiares en la Edad Moderna*, Madrid, Sílex, 2020.

Jimeno Aranguren, R., *Matrimonio y otras uniones afines del derecho histórico navarro (siglos VIII-XVIII)*, Madrid, Dykinson, 2015.

Jimeno Aranguren, R. y Monreal Zia, G., «Naturaleza y estructura del matrimonio y otras uniones afines en el derecho histórico español, con especial atención a Navarra», *Príncipe de Viana*, 250, 2010, pp. 50-538.

Jimeno Jurío, J. M.ª, *Navarra en época moderna y contemporánea*, Pamplona, Pamiela, 2007.

Latorre Cano, L., «Violencia y mujer en el siglo XVIII», en *La Ilustración en el centenario de la muerte de Pablo Olavide*, Madrid, Fundación UNED, 2005, pp. 135-154.

León Rodríguez, M.ª E., «Breve historia de los conceptos de sexo y género», *Revista Filosofía Univ. Costa Rica*, LIV, 138, enero-abril, 2015, pp. 39-47.

Lobo Cabrera, M., «Violencia sexual en Canarias en el siglo XVI: estupro, violación y denuncia falsa», *Revista de Historia Moderna: Anales de la Universidad de Alicante*, 39, 2021, pp. 335-369.

López, M., «Violencias íntimas en la Nueva Granada en tiempos de la Ilustración: casos conyugales del Caribe», *Ciencia Política*, 15, 29, 2020, pp. 111-145.

López Cordón, M. V., *Condición femenina y razón ilustrada: Josefa Amar y Borbón*, Zaragoza, Universidad de Zaragoza, 2005.

López Cordón, M. V. y Carbonell Eteller, M. (eds.), *Historia de la mujer e historia del matrimonio. Historia de la familia. Una nueva perspectiva sobre la sociedad europea*, Universidad de Murcia, 1997, pp. 99-109.

López Merchán, E., «La violencia contra la mujer: evolución terminológica en España», *Clío & Crimen*, 12, 2015, pp. 109-124.

Lorenzo Arribas, J., «Fray Luis de León: un misógino progresista en la querella de las mujeres. Relectura de *La perfecta casada*», en *Feminismo y misoginia en la literatura española: fuentes literarias para la historia de las mujeres*, C. Segura Graíño (coord.), Madrid, Narcea Editores, 2001, pp. 59-80.

Lorenzo Cadarso, P. E., «Los malos tratos a las mujeres en Castilla en el siglo XVII», *Brocar, Cuadernos de Investigación Histórica*, 15, 1989, pp. 119-136.

Macías Domínguez, A. M., «El matrimonio, espacio de conflictos: incumplimiento de palabra, divorcio y nulidad en la archidiócesis hispalense durante el siglo XVIII», Universidad de Huelva, tesis doctoral, 2014.

— *La ruptura matrimonial en la Andalucía de Las Luces: el divorcio eclesiástico en el Arzobispado de Sevilla a fines de la modernidad (1750-1800)*, Huelva, Universidad de Huelva. 2020.

Maiza Ozcoidi, C., «Injuria, honor y comunidad en la sociedad navarra del siglo XVIII», *Príncipe de Viana*, 197, 1992, pp. 685-695.

Mantecón Movellán, T. A., «La violencia marital en la Corona de Castilla durante la Edad Moderna», en *Familia, transmisión, y perpetuación (siglos XVI-XIX)*, A. Irigoyen López (coord.), Murcia, Universidad de Murcia, 2002, pp. 19-55.

— «Las fragilidades femeninas en la Castilla moderna», en *Mujer, marginación y violencia entre la Edad Media y los tiempos modernos*, Córdoba, Universidad de Córdoba, 2006, pp. 279-310.

— «Uso de la justicia y arbitraje de los conflictos en el Antiguo Régimen: experiencias en la Monarquía Hispánica», *Revista de Historia Social y de las Mentalidades*, 2, 2015, pp. 209-235.

— «Polisemia y mudanza del uxoricidio en una época barroca», en M. Torremocha Hernández (dir.), *Violencia familiar y doméstica antes los tribunales (siglos XVI-XIX). Entre padres hijos y hermanos, nadie meta las manos*, Madrid, Sílex, 2021.

Martín Gaite, C., *Usos amorosos del dieciocho en España*, Madrid, Ediciones Siruela, 2017.

Martín García, A., «Transgresiones femeninas, violencia y conflicto en la jurisdicción de Marina del Departamento de Ferrol a finales del Antiguo Régimen», en *La Mujer en la balanza de la Justicia (Castilla y Portugal, siglos XVII y XVIII)*, Valladolid, Castilla Ediciones, 2017, pp. 197-221.

Martínez Arce, M.ª D., *Aproximación a la justicia en Navarra durante la Edad Moderna. Jueces del Consejo Real en el siglo XVII*, Pamplona, Ediciones Fecit, 2005.

Morano Rodríguez, C., «Algunos aspectos de la confrontación cultural pagano-cristiana en el tratamiento de la mujer en la obra de san Agustín», *Antigüedad y Cristianismo: Revista de Estudios sobre la Antigüedad Tardía*, 7, 1990, pp. 313-318.

Mó Romero, E. y Rodríguez García, M. E., «Divorcio y conflicto social en el Perú del siglo XVIII», en E. Postigo Castellanos (ed. lit.) y P. Pérez Cantó (ed. lit.) (eds.), *Autoras y protagonistas: I Encuentro entre el Instituto Universitario de Estudios de la Mujer y la New York University en Madrid*, Madrid, Universidad Autónoma de Madrid, 2000, pp. 313-324.

Moral Gadeo, J., «Malos tratos en el siglo XVIII: el caso de divorcio por esa causa entre Isabel Sánchez y Alfonso Barriga», en *III Congreso virtual sobre Historia de las Mujeres: Comunicaciones*, Archivo Histórico Diocesano de Jaén, 2011.

Morgado García, A. J., «El divorcio en el Cádiz del siglo XVIII», *Trocadero: Revista de Historia Moderna y Contemporánea*, 6, 1994, pp. 125-138.

Morte Acín, A., «Que si los oían reñir o maltratar el marido a la mujer la socorriesen: familia, vecindad y violencia contra la mujer en la Edad Moderna», *Revista de Historia Moderna. Anales de la Universidad de Alicante*, 30, 2012, pp. 211-227.

Oliva Suárez, R., «Los espacios domésticos habaneros entre 1650 y 1750», Granada, Universidad de Granada, tesis doctoral, 2014.

Oliver Olmo, P., «La cárcel y el control del delito en Navarra entre el Antiguo Régimen y el Estado Liberal», UPV-EHU, tesis doctoral, 2000.

Ortega Agustín, M. A., «Familia y matrimonio en la España del siglo XVIII: ordenamiento jurídico y situación real de las mujeres a través de la documentación notarial», Madrid, Universidad Complutense de Madrid, tesis doctoral, 1999.

Ortega López, T. M., «La práctica judicial en las causas matrimoniales de la sociedad española del siglo XVIII», *Revista Espacio Tiempo y Forma, serie IV, Historia Moderna*, 12, 1999.

— «Violencia familiar en el pueblo de Madrid en el siglo XVII», *Cuadernos de Historia Moderna*, 31, 2006, pp. 7-37.

— *Jornaleras, campesinas y agricultoras. La historia agraria desde una perspectiva de género*, Zaragoza, Prensas Universitarias de Zaragoza, 2015.

Ortega López, T. M. *et al.*, *Mujeres, dones, mulleres, emakumeak: estudios sobre la historia de las mujeres y del género*, Madrid, Cátedra, 2019.

Padrós, J. A., «"Mala vida". Nivells de violència contra les dones a Olot i la Garrotxa (segle XVI)», *Manuscrits: Revista d'Història Moderna*, 39, 2019 pp. 59-86.

Pascua Sánchez, M. J., «Violencia y familia en la España Moderna», en *Actas de la XI Reunión Científica de la Fundación Española de Historia Moderna*, Granada, Universidad de Granada, 2012, pp. 127-157.

Pérez, V. E., «Capacidad de la mujer en Derecho Privado Romano», *Clepsydra*, 16, 2017, pp. 191-217.

Presta, A. M.ª, «De casadas a divorciadas. Separaciones, divorcios y nulidades matrimoniales en la sociedad colonial, Audiencia de Charcas, 1595-1640», *Revista Complutense de Historia de América*, 42, 2016, pp. 97-118.

Revuelta Guerrero, R. F., «Mujer y su imagen en los textos de Erasmo de Rotterdam», *Revista de Estudios Colombinos*, 11, 2015, pp. 85-102.

Reyes-García Hurtado, M. (ed.), *El siglo XVIII en femenino: las mujeres en el Siglo de las Luces*, Madrid, Síntesis, 2016.

Rico Callado, F. L., «El uso de la excomunión en las diócesis españolas de la Edad Moderna a través del estudio de la documentación de los obispados extremeños», *Cauriensia. Revista Anual de Ciencias Eclesiásticas*, 9, 2014.

Ripa Correa, G., «Un divorcio en Luquin en el siglo XVIII», *Antzina: Revista de Genealogía Vasca e Historia Local*, 12, 2011, pp. 34-46.

Roquero Ussía, M. R., «Los malos tratos en la Gipuzkoa de los siglos XVII-XVIII», *Boletín de Estudios Históricos sobre San Sebastián*, 51, 2018, pp. 162-230.

Ruiz Astiz, J., *La fuerza de la palabra escrita: amenazas e injurias en la Navarra del Antiguo Régimen*, Pamplona, Eunsa, 2012.

— *Violencia y conflictividad comunitaria en la Navarra de la Edad Moderna*, Pamplona, Gobierno de Navarra, 2015.

Ruiz Sastre, M., «Mujeres y conflictos en los matrimonios de Andalucía occidental: el Arzobispado de Sevilla durante el siglo XVII», Huelva, Universidad de Huelva, tesis doctoral, 2016.

Sánchez Collada, T., «La vida cotidiana de las mujeres conquenses: su trascendental aportación a la economía familiar y social en la transición de la Edad Media a la Moderna», Madrid, Universidad Nacional de Educación a Distancia, tesis doctoral, 2018.

Sánchez Gonales, R., *Sexo y violencia en los Montes de Toledo: mujeres y justicia durante la Edad Moderna*, Toledo, Asociación para la Integración Laboral de la Mujer en Castilla-La Mancha: Asociación para el Desarrollo Integral del Territorio «Montes Toledanos», 2006.

Tausiet, M., *Accidentes del alma: Emociones en la Edad Moderna*, Madrid, Abada, 2009.

Torremocha Hernández, M., *Mujeres, sociedad y conflicto (siglos XVI-XIX)*, Valladolid, Castilla Ediciones, 2019.

— *Matrimonio, estrategia y conflicto (siglos XVI-XIX)*, Salamanca, Universidad de Salamanca, 2020.

— *Violencia familiar y doméstica antes los tribunales (siglos XVI-XIX). Entre padres hijos y hermanos, nadie meta las manos*, Madrid, Sílex, 2021.

Usunáriz, J. M.ª, «La violencia verbal entre marido y mujer en los siglos XVI y XVII», *Revista Melisendra*, 1, 2019, pp. 70-86.

Ventura, J., «Paridades de la moneda navarra, desde finales del siglo XVIII hasta la creación de la peseta», en *Príncipe de Viana, I Congreso de Historia de Navarra de los siglos XVIII, XIX y XX*, anejo 4, 1986, pp. 467-484.

Vives, J. L., *La instrucción de la mujer casada*, https://www.culturaydeporte.gob.es/cultura/bibliotecas/novedades/publicacion-del-mes/2020/noviembre-2020.html

VV. AA., *Enciclopedia Navarra*, www.enciclopedianavarra.com/?page_id=14560